TAROT

ARTE ADIVINATORIO

JULIÁN TORRES Y REYES

TAROT
ARTE ADIVINATORIO

JULIÁN TORRES Y REYES

ARCANA

TAROT, ARTE ADIVINATORIO

Ilustración y diseño de cubierta: Daniel Jurado

Edita: Olmak Trade S.L.
C/ Roca Plana 1
08110 - Montcada i Reixac
Barcelona (España)

www.olmaktrade.com
info@olmaktrade.com

Impreso en España / Printed in Spain

I.S.B.N: 978-84-10109-78-0
Depósito Legal: B 22595-2024

LAS PREGUNTAS SOBRE EL TAROT

¿Qué es el Tarot?

El Tarot son muchas cosas en una, o muchas cosas resumidas en 22 cartas o láminas, a saber:

Un sistema educativo muy antiguo, precursor de la enseñanza audiovisual cuando el hombre desconocía, o conocía muy poco, el lenguaje escrito.

Un libro de leyes.

Una serie de ejercicios para realizar viajes astrales.

Una serie de pruebas por las que tenían que pasar los monjes egipcios.

Una representación de los valores religiosos del hombre.

Una representación de los conceptos habituales de la vida cotidiana.

Un juego de azar.

Un sistema adivinatorio.

La gente le relaciona más con el último punto que con cualquier otro.

Y en este libro pretendemos dar unas sencillas pautas para su comprensión e interpretación.

¿Dónde nace el Tarot?

Pudo haber nacido en Persia o Egipto, junto con la civilización, hace unos seis mil años, en forma de láminas representativas que enseñaban a los monjes, consejeros y jerarcas, un sistema alfabético y la descripción de los campos vitales y espirituales de aquellas épocas, que por cierto no han variado mucho.

Pero la realidad es que nadie sabe en dónde ha nacido ni qué pueblo o persona lo ha inventado.

Algunos lo adjudican a la cultura egipcia.

Otros a la cultura persa.

Y muchos otros a la cultura hebrea.

Pero no existe ninguna prueba documental que sustente estas teorías.

De cualquier manera, y en base a los valores espirituales, astrológicos y terrenales que ostenta, sólo pudo haber nacido, en el caso de que sea realmente antiguo, en Persia, bajo el pensamiento filosófico de la religión mazdeísta, es decir, bajo la creencia de un dios bueno y un dios malo que sustentaba Zaratustra, sobre el siglo V antes de Cristo.

Ya que sus figuras, aunque correspondan en número a las 22 letras hebreas, no corresponden a una cultura judía, como tampoco corresponde a una cultura egipcia, cóptica, griega, romana o cristiana.

¿El Tarot ha sido siempre igual?

No, ha ido cambiando con el tiempo.

Inicialmente estaba formado sólo por 22 cartas, o Arcanos

Mayores, y las muestras más antiguas que existen, en láminas de madera, pertenecen a la Europa medieval.

Después, entre el Medievo y el Renacimiento, se le incorporaron 12 cartas representativas de los personajes de las cortes, reyes, caballeros y pajes, junto a otras 36 cartas, representativas de los oficios, las guerras, las diversiones y las aspiraciones del pueblo llano, y que servían originalmente para jugar.

Es decir, que a los 22 Arcanos Mayores se incorporaron los 48 Arcanos Menores, que podemos ver en la Baraja Española.

Un poco más adelante, en Francia o Italia presumiblemente, se añadieron 4 reinas y 4 dieces, para añadir el elemento femenino y el enlace entre la corte y el pueblo llano en el juego de azar y el juego de la adivinación.

De esta forma, los Arcanos Menores llegaron a ser 56 y desde el Renacimiento hasta nuestros días, el Tarot que conocemos, se mantiene prácticamente igual.

¿Cuántos tipos de Tarot existen?

Miles, aunque en esencia todos son iguales y contemplan los mismos valores.

Hoy mismo, en este momento, se puede estar creando otro.

¿Entonces, cuál es el Tarot verdadero?

Todos y ninguno.

En todo caso los 22 Arcanos Mayores originales.

Desgraciadamente, los documentos históricos no pueden revelarnos cómo eran y cómo funcionaban los originales, los más antiguos.

Existen demasiadas teorías, demasiadas preguntas y muy pocas respuestas.

¿Con cuál quedarse?

Con el que más se identifique el lector, porque después de todo, entre él, el Tarot, su uso e interpretaciones, tiene que haber una empatía elemental.

No hay Tarot mejor ni peor.

No hay un Tarot más certero que otro.

Todo depende de la empatía con el lector o interpretador.

¿Por qué hay tantas interpretaciones distintas para una misma carta?

Porque cada escritor, mago, brujo o creador, tiene su parte de verdad y la revela como mejor sabe o como mejor puede.

Y si nos fijamos bien, podemos descubrir que no varía sólo la interpretación, sino que en muchos casos varía además el orden, el valor o la descripción de las figuras, todo depende de las creencias del que diseña, acomoda o interpreta las cartas.

Los libros sobre el Tarot, como ya he dicho en otras ocasiones, sirven simplemente de guía, o de catalizador que despierta la intuición y la propia interpretación del lector.

Por eso, no es raro que cada escritor, brujo, mago o creador hayan caído en la misma subjetividad.

Además, el Tarot no es una ciencia exacta, sino una ciencia oculta que depende más de la experiencia y la intuición personales, que de la repetición inalterable y predecible del laboratorio.

¿Es este un libro más?

No, al menos no es esa nuestra intención.

Por eso lo hemos estructurado de tal manera que cada una de las cartas sea una clave de obligada lectura, y una llave que tiene la capacidad de abrir la interpretación de la carta que le precede.

De esta manera, además de ser un libro de consulta que permite interpretar las cartas de forma independiente, la lectura puede ser global y completa, indicando paso a paso y carta a carta, una relación lógica y coherente que permita al lector avanzar en el camino de la comprensión, el aprendizaje y la interpretación, que al final no será ya la del libro, sino la suya propia.

¿Para qué otras cosas sirve el Tarot?

Dentro de algunos grupos esotéricos, el Tarot está prohibido como arte adivinatorio, pues suponen que el futuro no es más que un reflejo prohibido a los hombres.

Sin embargo, utilizan al Tarot en ceremoniales y rituales mágicos, así como en la práctica y experimentación de los viajes astrales.

Incluso algunos tarotistas, de forma completamente intuitiva, suponen a cada una de las cartas una serie de poderes mágicos, que utilizan para ayudar a sus clientes.

Es más, los mismos lectores aficionados colocan las cartas de tal manera que los auspicios que puedan revelarles sean inmejorables, es decir, que hacen pequeñas trampas para cambiar o mejorar el sentido de su futuro.

Y como buena ciencia oculta, este tipo de magia realizada con el Tarot es funcional a veces, especialmente cuando el pensamiento racional no se interpone a ella.

Por lo que respecta a los viajes astrales, las cartas del Tarot sirven de referencia a la imaginación de los practicantes y, concentrándose en las imágenes de la carta, buscan su correspondencia en el mundo espiritual.

Pero para ambas cosas hace falta una disposición personal o sectaria que este libro no contempla.

No negamos que sea posible acceder a otras realidades a través de las cartas del Tarot, pero creemos que para ello se necesita una preparación especial y una salud mental a prueba de fantasías y obsesiones.

¿Quién puede o debe leer las cartas del Tarot?

Todas las ciencias ocultas despiertan recelo y respeto en las personas, pero si se tiene un poco de intuición y se mantienen los pies en la tierra, cualquiera puede leer las cartas e interpretarlas con un buen porcentaje de aciertos.

LA CLAVE DE LOS ARCANOS MENORES*

El Tarot está compuesto por 78 láminas repartidas como sigue:

56 láminas llamadas arcanos *menores.*
22 láminas llamadas arcanos *mayores.*

Los 56 arcanos menores están formados por 4 series de las 14 láminas cada una.

Los 22 arcanos mayores están formados por 21 láminas numeradas y una que no lleva número.

Para estudiar correctamente el Tarot tendremos pues que hacer los siguientes mazos:

4 mazos de 14 láminas		
14+14+14+14	=	56
1 mazo de 21 láminas	=	21
1 mazo de 1 lámina	=	1
Total	=	78

* Textos extraídos de *El Tarot de los Bohemios*, Papus. Edicomunicación, s.a., 1999

Tarot de Papus
Arcanos menores. Los Bastos.

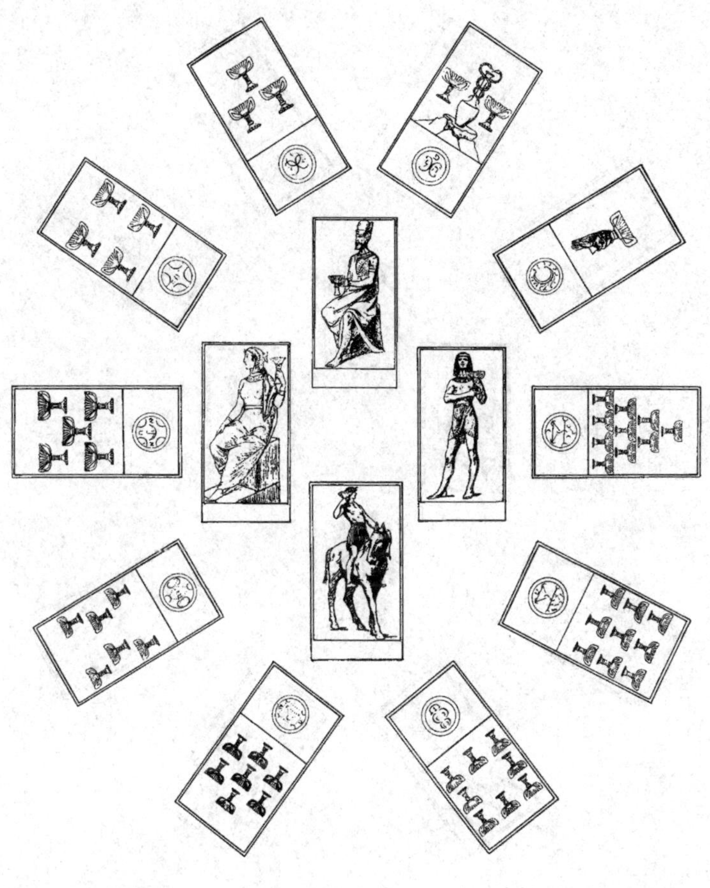

Tarot de Papus
Arcanos menores. Los Copas.

Tarot de Papus
Arcanos menores. Los Espadas.

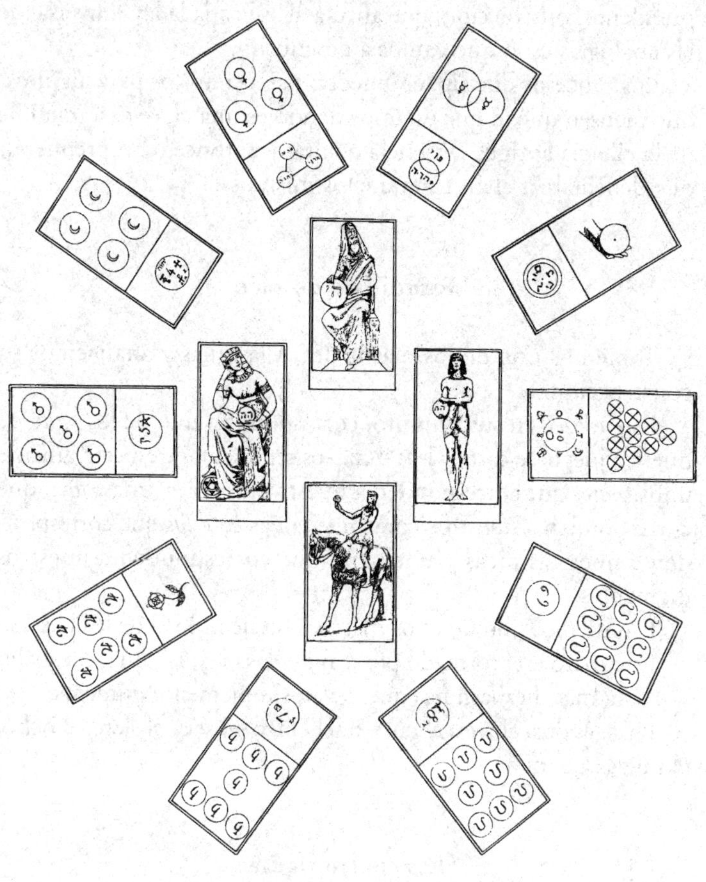

Tarot de Papus
Arcanos menores. Los Oros.

Partiendo de un principio fijo e inmutable, la constitución del tetragrama sagrado, *iod-he-vau-he*, el Tarot desarrolla las más variadas combinaciones sin apartarse nunca de su base. Esta sorprendente construcción, que afirma al aplicarla la ley universal de las analogías es lo que vamos a descubrir.

Los procesos que siguen pueden parecer áridos para algunos, que piensen que lo que estamos dando es una clave casi infalible de la ciencia antigua o ciencia oculta, y entonces comprenderán que deben abrir el arca santa ellos mismos.

Estudio de un palo

Tomemos uno de los mazos de 14 láminas y analicemos su construcción.

Este mazo, en su conjunto, corresponde a uno de los *palos* de nuestro juego de cartas. Los 4 mazos representan respectivamente unos *bastos* que corresponden a nuestros tréboles, unas *copas* que corresponden a nuestros corazones, unas *espadas* que corresponden a nuestras picas y unos *oros* que corresponden a nuestros diamantes.

Estudiemos uno de estos mazos, por ejemplo el de los bastos.

Este mazo está formado por 4 figuras: el rey, la reina, el caballo y la sota más diez láminas que llevan simplemente números.

El as, el dos, el tres, el cuatro, el cinco, el seis, el siete, el ocho, el nueve y el diez.

Las cuatro figuras

Veamos primero las cuatro figuras. El rey representa lo activo, el hombre, el macho. La reina representa lo pasivo, la mujer, la hembra. El caballo representa lo neutro, el adolescente. Finalmente la sota representa el cuarto término de esta serie que se puede escribir así:

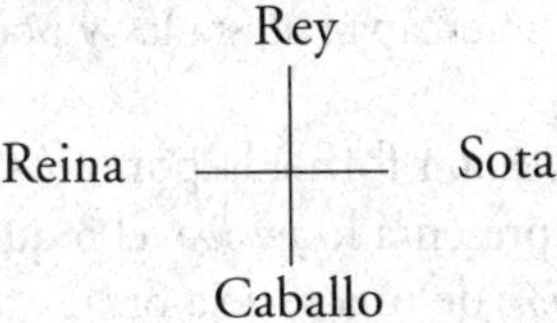

Esta serie no es más que una aplicación de la ley general *iod he vau he* que conocemos bien y las relaciones son fáciles de establecer:

Rey
o
Iod

Reina
o
1er *He*

Sota
o
2a *He*

Caballo
o
Vau

La sota corresponde pues a la *segunda He,* es decir no es más que un término de transición; pero de transición ¿entre qué y qué? Entre las cuatro figuras y los números siguientes.

Los diez números

Ocupémonos ahora de esos números. Conocemos *la Ley* de los números o ley de las series que anteriormente enunciamos en estos términos:

1 – 2. 3
4 – 5. 6
7 – etc.

Las diez láminas no escapan a esta ley y podemos colocarlas en serie.

La primera serie estará formada por el As o 1 que representa lo *activo*, el 2 que representa lo *pasivo*, el 3 que representa lo *neutro* y el 4, la *transición* de una serie a otra.

1, 2, 3, y 4 también corresponden a *iod he vau he* y se formulan así:

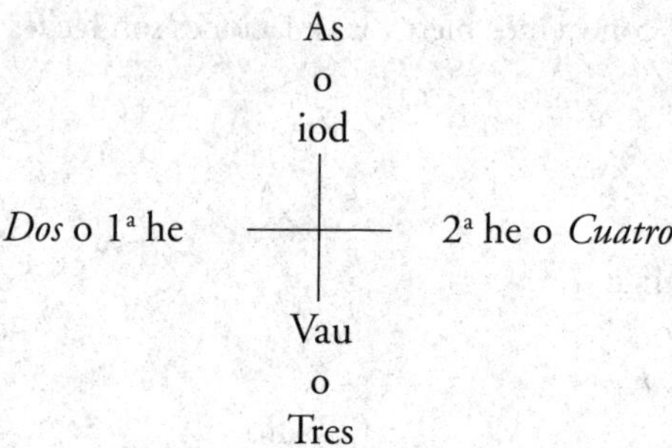

Es exactamente igual para las otras series de números, la segunda *he* de la serie precedente se convierte en la *iod* de la serie siguiente: así, 4, cuarto término de la primera serie se convierte en primer término de la segunda, 7, cuarto término de la segunda, en primero de la tercera como sigue:

Las series de números

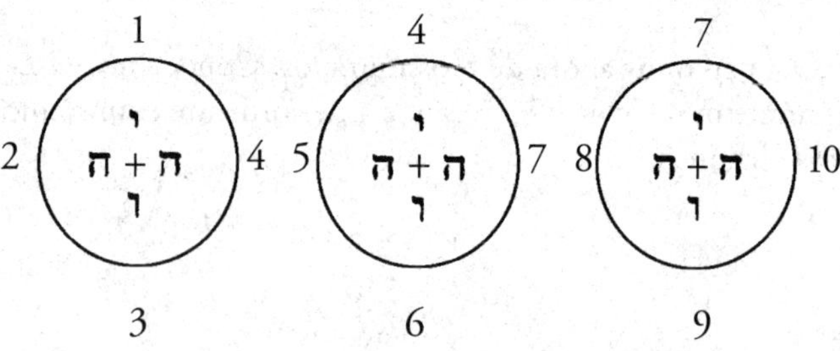

La misma ley, *iod he vau he*, se aplica a estas series. Como esta ley se aplica también a las cuatro figuras, se puede hacer una comparación basada en la siguiente proposición:

Dos términos (los números y las figuras) iguales a un mismo tercero (la ley *iod he vau he*) son iguales entre sí.

La serie dentro de un palo

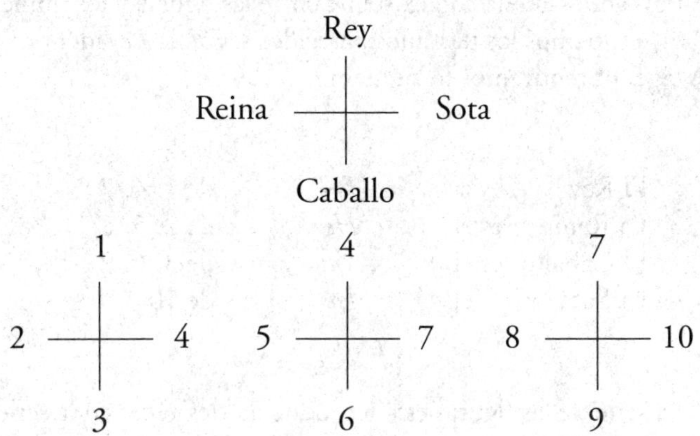

Si ahora agrupamos todos los números de las series según la letra del tetragrama a la que se unen encontraremos:

Representante *Iod*	1 — 4 — 7
Representante 1ª *He*	2 — 5 — 8
Representante *Vau*	3 — 6 — 9
Representante 2ª *He*	10

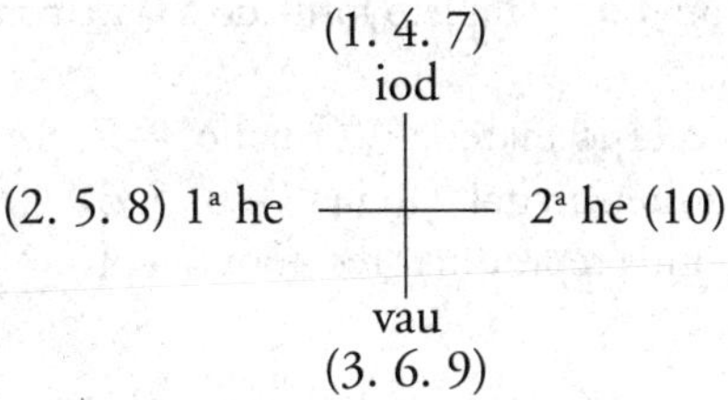

El número 10 es, por lo tanto, para los números lo que la sota es para las figuras, o sea, sirve para la transición. ¿Entre qué y qué? Entre un palo y otro.

Relación entre las figuras y los números

Hemos considerado las figuras solas, luego los números solos, veamos ahora la relación existente entre las figuras y los números.

Si agrupamos los términos parecidos según la *Ley* idéntica que los rige, obtendremos lo siguiente:

El Rey	es el	*Iod*	de 1. 4. 7
La Reina	es el	*He*	de 2. 5. 8
El Caballo	es el	*Vau*	de 3. 6. 9
La Sota	es el	*He*	de 10

La serie de las figuras está reproducida tres veces en la serie de los números, es decir que cada serie de números representa una concepción de figuras en cada uno de los tres mundos cabalísticos.

La serie 1, 2, 3, 4 representa la emanación de la serie rey, reina, caballo, sota, en el mundo divino.

La serie 4, 5, 6, 7 representa esta evolución en el mundo humano.

La serie 7, 8, 9, 10 representa la evolución en el mundo material.

Cada palo es un todo completo formado a la manera de los seres.

De un cuerpo material: (Caballo — 7. 8. 9)
De una fuerza vital: (Reina — 4. 5. 6)
De órganos reproductores: (Sota — 10)

Cada una de estas partes se subdivide en otras tres como indican los números.[2]

Volvamos a nuestra deducción y totalizando los resultados obtenidos nos dará:

Representaciones de *Iod*:

El Rey
El 1 o As
El 4
El 7

Representaciones de *He*:

La Reina
El 2
El 5
El 8

Representaciones de *Vau*:

El Caballo
El 3
El 6

Representaciones de la 2ª *He*:

La Sota
El 10

2 Hemos querido hacer esta primera aplicación del Tarot para mostrar a los iniciados qué resultados pueden obtener de las leyes puestas al día por su estudio.

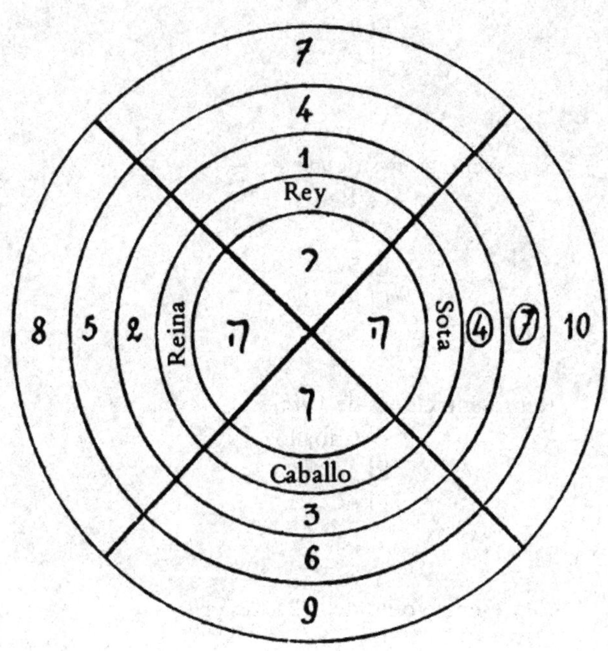

Representación de un palo

LA CLAVE DE LOS ARCANOS MAYORES*

La diferencia fundamental que existe entre los arcanos menores y los arcanos mayores es que en estos las figuras y los números están unidos mientras que en los primeros estaban separados.

Los arcanos mayores son 22, pero uno de ellos lleva el número 0, lo que hace que en realidad haya 21 grandes arcanos o arcanos mayores.

La mayoría de los autores que se han ocupado del Tarot sólo han tenido en cuenta estas 22 láminas, sin considerar las otras que, sin embargo, dan la clave general del sistema.

Pero dejemos aquí estas disgresiones y abordemos la aplicación de la ley *iod he vau he* a esta parte del Tarot. Una simple, reflexión nos sugiere la idea de que deben existir series en los arcanos mayores como ocurría en los arcanos menores. Pero ¿cómo determinar la extensión de estas series?

Cada lámina de los arcanos menores llevaba un símbolo fácil de relacionar con el conjunto (Bastos, Copas, Espadas u Oros); no ocurre igual en este caso. Cada lámina representa un *símbolo distinto.* Por lo tanto el simbolismo no puede guiarnos, al menos por ahora.

Además del símbolo, cada lámina expresa una *idea.* Una idea es ya mejor guía, al ser más fácil de clasificar que el símbolo pero

* Textos extraídos de *El Tarot de los Bohemios,* Papus. Edicomunicación, s.a., 1999

esta guía no ofrece aún todas las garantías deseables, puesto que de ser entendida de forma diferente por diferentes personas. Además la idea resulta de la acción del símbolo sobre el otro término de la lámina: *el número.*

El número es ciertamente el elemento más positivo, el más fácil de seguir en sus evoluciones; será el número el que nos guiará; gracias a él descubriremos los dos otros términos.

Refirámonos a nuestro estudio, sobre los números y nos será fácil determinar las series en los arcanos mayores.

De todas formas, hay que hacer desde el principio una importante reserva. Las series que vamos a enumerar son *las más generales,* pero no las *únicas.*

Una vez dicho esto, consideremos los cuatro primeros arcanos mayores.

Los números 1, 2, 3, 4, indican inmediatamente la clasificación que hay que adoptar y la naturaleza de estos términos.

1 corresponde	a *Iod*	y es activo
2 corresponde	a *He*	y es pasivo
3 corresponde	a *Vau*	y es neutro
4 corresponde	a la 2ª *He*	e indica transición

Este arcano 4 corresponde a la Sota y al 10 de los arcanos menores y se convertirá en *iod* en la serie siguiente.

Si queremos representar el primer ternario 1, 2, 3, lo haremos así:

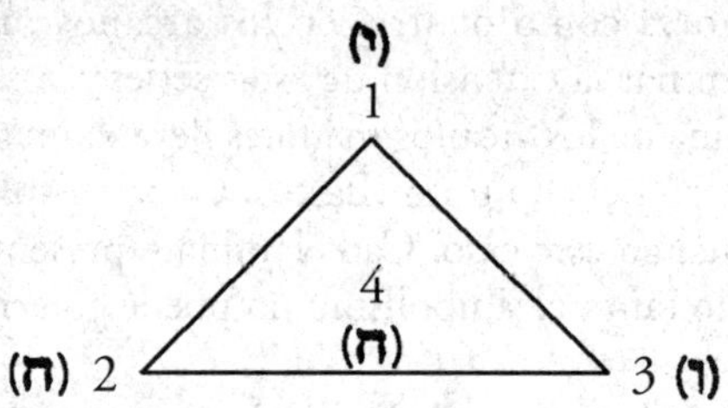

El término activo 1 está en el vértice del triángulo, los dos otros términos en los dos otros ángulos.

Este ternario, puede también representarse en sus relaciones con *iod he vau-he:*

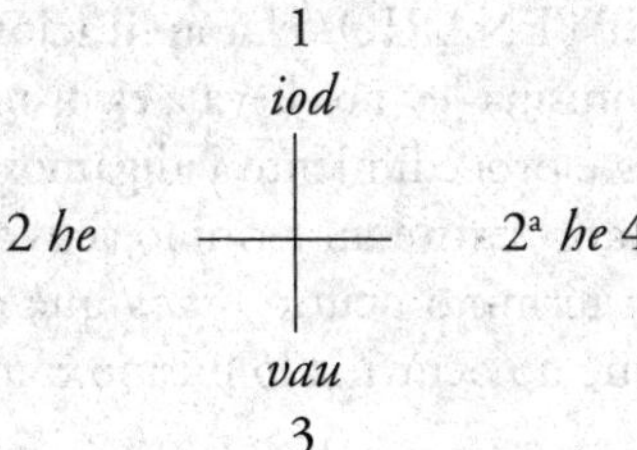

SEGUNDO TERNARIO.- Hemos dicho que el 4 se convertía en la iod o término activo de la siguiente serie.

Esto se realiza como sigue:

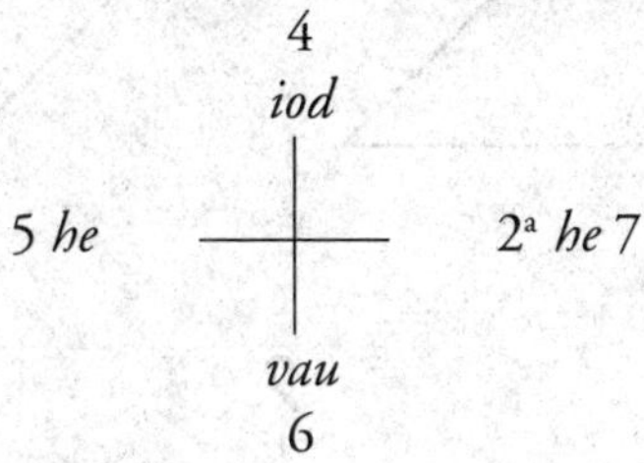

El 4 representando la *iod* actúa respecto de 5 y 6 con el 1 actuaba respecto de 2 y 3 y obtenemos otro ternario.

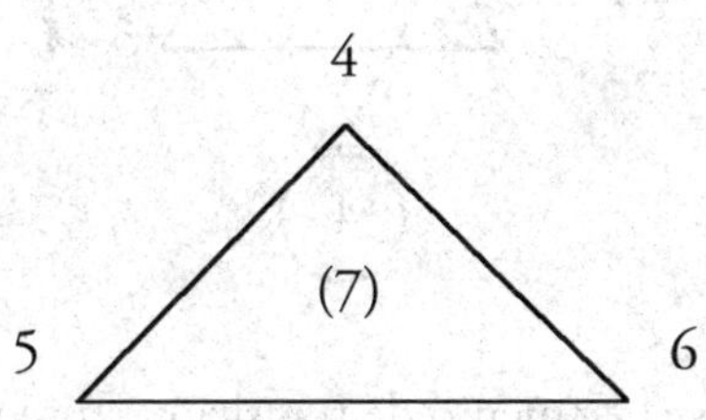

El 7 actúa aquí como antes actuaba el 4 y sucederá lo mismo para toda la serie de arcanos.

PRIMER SEPTENARIO.- La aplicación a términos muy distintos de una misma ley nos lleva a estos resultados; no abandonemos pues este procedimiento y digamos:

Si, en un ternario, existe un término activo = *iod*, un término pasivo = *he* y un término neutro = *vau* que resultan de los dos primeros, ¿por qué no ocurriría lo mismo tomando los ternarios en bloque?

El primer ternario es activo y corresponde a *iod*, el segundo ternario es pasivo y corresponde a *he*; la reacción de un ternario sobre el otro da lugar al tercer ternario o *vau*.

Representemos esto:

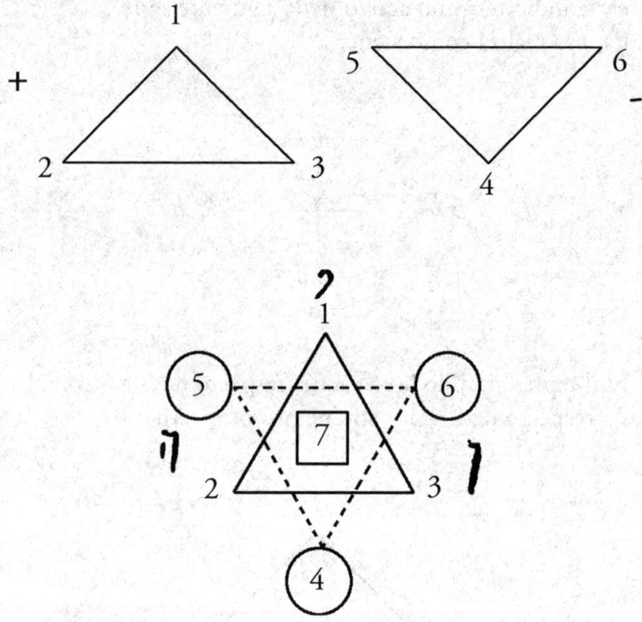

El 7 es pues el elemento de transición entre un septenario y otro.

Si establecemos la relación entre este primer septenario y el *iod he vau he* obtendremos.

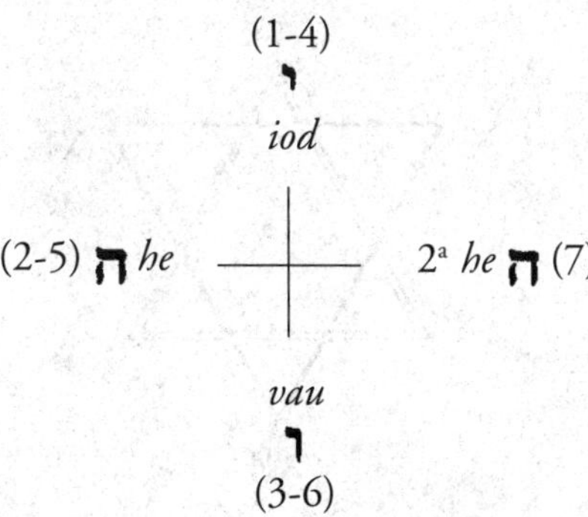

Se puede hacer de pasada una deducción de la que se podrá sacar mucho fruto si se le pone cuidado: el 4 no es más que el 1 considerado *negativamente*, el 5 no es más que el 2 considerado negativamente, asimismo el 6 es el negativo del 3. Es en todos los casos *un mismo número* bajo *diferentes aspectos.*

Hemos determinado un primer septenario, formado por dos ternarios opuestos.

Hemos visto como este septenario también reproduce *iod-he-vau-he.*

SEGUNDO SEPTENARIO.- Lo que es cierto para los primeros ternarios lo es también para los otros, y siguiendo los mismos procedimientos, obtendremos un segundo septenario formado de esta forma:

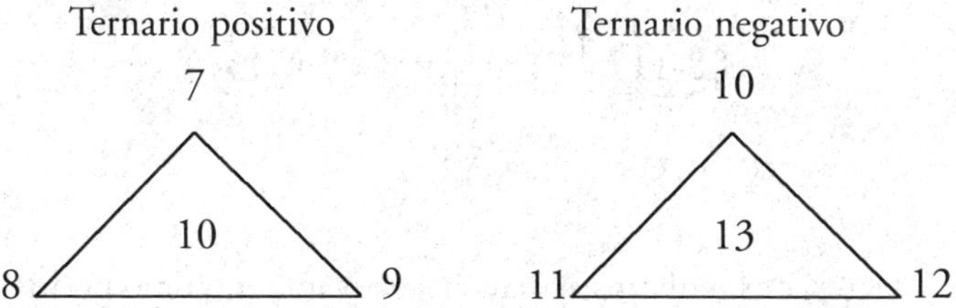

Los dos ternarios positivo y negativo se equilibran el uno al otro para dar lugar al segundo septenario y a su término de transición 13:

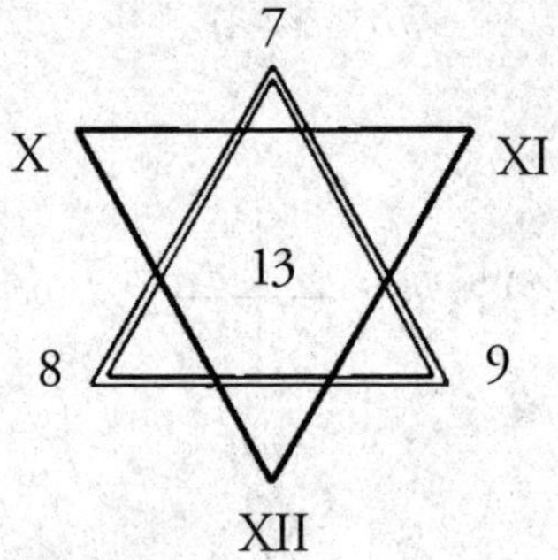

Representación general:

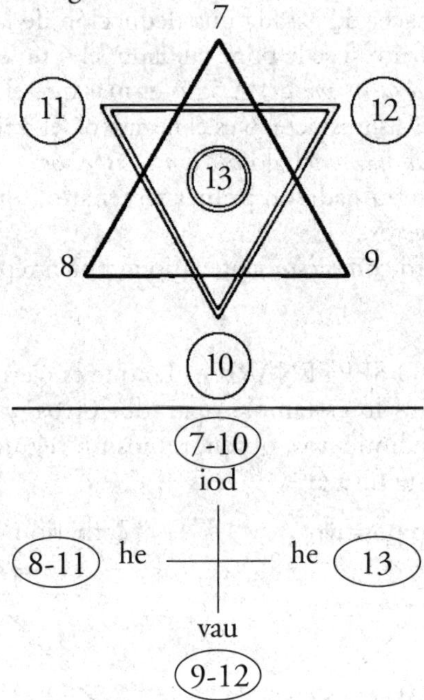

Pero si dos ternarios actúan respectivamente como positivo y negativo, ¿por qué no ocurriría lo mismo con los septenarios?

El primer septenario tomado en bloque será pues *positivo* respecto del segundo que será *negativo.*

El primer septenario corresponde a *iod*, el segundo a *he*.

TERCER SEPTENARIO.- El tercer septenario está formado tal como sigue:

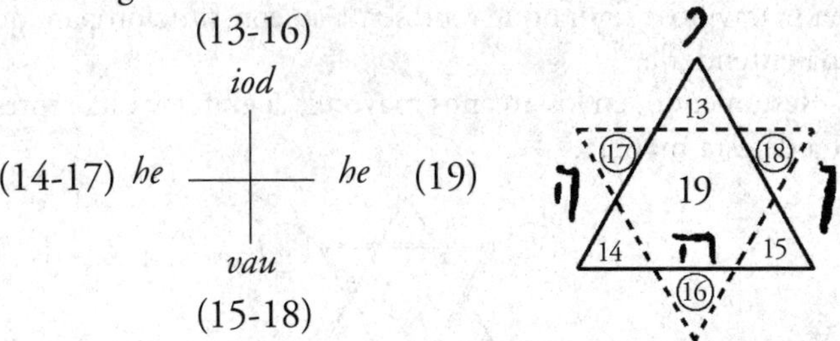

Si el primer septenario es positivo y el segundo negativo, el tercero será neutro y corresponderá a vau.

Tendríamos pues en definitiva:

1º Un septenario positivo = *iod*
2º Un septenario negativo = *he*
3º Un septenario neutro = *vau*

Sin embargo, cada septenario presenta un término común con el septenario anterior y común con el septenario siguiente.

Así, el 7 es el 7º término del primer septenario y el 1er término del segundo. 13 es el último término del segundo septenario y el 1º del tercero, etc.

19 — 20 — 21

Estos tres términos forman el último ternario, ternario de transición entre los *arcanos mayores* y los *arcanos menores*, ternario que corresponde a la segunda hé, y que se puede representar así:

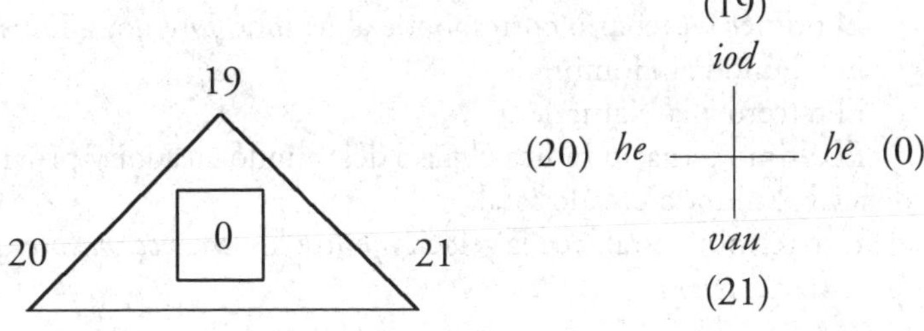

La última lámina cifrada que debería llevar exactamente el número 22 (o su correspondiente hebraico) cierra el Tarot con una maravillosa figura que representa su constitución para quien sepa entenderla.

Resumiendo, en los arcanos mayores, la gran ley esta representada de esta manera:

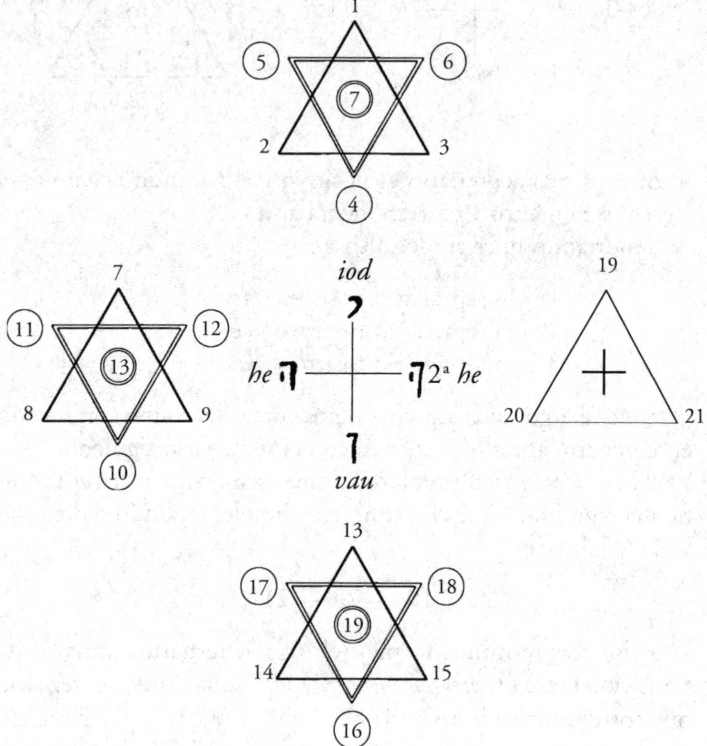

El primer septenario corresponde al Mundo Divino, a Dios.

El segundo al Hombre.

El tercero a la Naturaleza.

El último ternario indica el paso del mundo creador y providencial al mundo creado fatal.

Este término establece la relación entre los *arcanos mayores* y *los arcanos menores.*

LOS ARCANOS MAYORES

EL MAGO

Es la primera carta de los Arcanos Mayores y del Tarot y su mismo nombre nos indica la primera puerta para entrar al mundo de la adivinación.

Nada mejor que un mago para iniciarnos por este camino de una forma sencilla y práctica.

El Mago, capaz de manipular todos los elementos, nos dice que se puede recordar el pasado, conocer el presente y saber en qué dirección se dirige nuestro futuro.

El Mago representa el principio masculino de las cosas.

Interpretación: El Mago indica un inicio, la concreción de un plan. La fuerza de la personalidad, la fuerza de voluntad y el deseo de construir o de hacer mejor las cosas. Por tanto es una carta positiva.

Invertida: Carácter débil. Indecisión, precipitación, incapacidad para concretar los planes. Quizá la persona confía demasiado en la magia o en la suerte. El consultante tendrá que esforzarse para conseguir lo que desea.

I

LA SACERDOTISA

El Mago nos impulsa con su principio masculino, pero es La Sacerdotisa quien establece y administra las leyes que rigen las cosas.

La Sacerdotisa representa además el principio femenino que mueve a la tierra, es decir a la intuición creativa.

Ella prohíbe el abuso del Tarot y regula su uso. Yo no soy La Sacerdotisa, pero te aconsejo que tires las cartas de la siguiente manera:

Mezcla las cartas siete veces, define tres líneas paralelas y coloca siete cartas en cada una de ellas. La primera línea será el ***Pasado****, la segunda el* ***Presente*** *y la tercera el* ***Futuro.***

Interpretación: Creatividad, iniciativa, sensibilidad artística. Esfuerzo dirigido, tolerancia, sensualidad. Carta especialmente positiva para el sexo femenino.

Invertida: Rigidez de pensamiento. Temor a pérdidas económicas. Incapacidad para administrar los bienes materiales. Falta de iniciativa y rebeldía ante las leyes y los estudios.

II

LA EMPERATRIZ

Es la tercera carta del Tarot y la segunda femenina, representa la parte dominante y progresiva de las mujeres.

La Emperatriz es el reflejo de las mujeres mayores: madres, abuelas, suegras, tías abuelas, etcétera. Y de esas mujeres que por su edad o por sus méritos han alcanzado una posición jerárquica en la vida.

Pero también es el reflejo, cuando está en mala posición, del abandono y repudio que pueden sufrir estas mujeres.

Interpretación: Dominio de las situaciones, reflexión ante los problemas. Responsabilidad y disciplina. Capacidad de trabajo. Actividad. Carta especialmente positiva para el sexo femenino.

Invertida: Impulso irreflexivo. Falta de rigor y disciplina. Habladurías. Negligencia y falta de actividad personal. Sobreprotección o exceso de dominio de cara a los hijos o empleados.

III

EL EMPERADOR

El Emperador representa a los hombres que han alcanzado el triunfo en la vida, o a los hombres que ejercen un poder de mando y decisión.

También es el reflejo de la administración y de las instituciones oficiales.

El Emperador obstruye o ayuda dependiendo de su posición invertida o recta, o de las cartas que le acompañen.

Y, por otra parte, representa a los hombres mayores que nos aconsejan o nos piden ayuda: padres, abuelos, suegros, etcétera.

Interpretación: Sentido de responsabilidad. Administración de bienes y servicios. Capacidad constructiva. Experiencia y sabiduría. Apoyo por parte de los jefes o las autoridades. Carta especialmente positiva para los hombres.

Invertida: Irresponsabilidad. Obstrucción en los planes. Lucha con la autoridad. Ilusión que se desvanece. Promesas incumplidas. Tozudez y necedad en las ideas. Soledad y rechazo.

IV

EL SUMO SACERDOTE

Esta carta es el fiel reflejo del difícil equilibrio que existe entre las cosas materiales y las espirituales.

La humanidad, desde siempre, ha necesitado de la religión, del pensamiento mágico y de las promesas que no pueden hacerle los reyes. Y el Sumo Sacerdote responde a estas necesidades.

Es decir, que el Sumo Sacerdote representa a la religiosidad incrustada en los poderes de la corte y, por tanto, al mundo de las ideas y de las creencias.

Interpretación: Iluminación deslumbrante. Grandes promesas y grandes proyectos. Sentimientos de solidaridad y humanitarismo. Ingenio, astucia, creación de ideas y poder de persuasión. Ilusión y esperanza.

Invertida: Engaño, fraude, fanatismo. Es posible que el consultante se esté dejando engañar o que simplemente se esté engañando a sí mismo. Desilusión y desengaño.

V

LOS ENAMORADOS

Es la sexta carta del Tarot y la primera en que se mezclan los principios masculino y femenino.

Es una carta de unión, pero también de indecisión. Propone una comunión, pero también una disyuntiva.

Los Enamorados representan al servicio o sometimiento que una persona le debe a otra, y esto no siempre es del agrado de los seres humanos.

Una persona se puede enamorar de muchas cosas, pero todo enamoramiento implica una renuncia y un sometimiento.

Interpretación: Enamoramiento, flechazo. Disposición de servicio para con los demás. Amor. Si va acompañada del Tres de Oros y el Tres de Copas, matrimonio.

Invertida: Rompimiento o desilusión en las relaciones amorosas. Desagradecimiento y desamor. Soledad. Soltería. Difícil reconciliación. Si sale al lado de un Caballero de Oros, amor imposible o amor no correspondido.

VI

EL CARRO

Dentro del Tarot el número siete representa siempre etapas de cambio o de triunfo. Y El Carro no es la excepción, ya que representa la lucha de las fuerzas materiales contra las espirituales y el triunfo de cualquiera de ellas sobre las otras.

De cualquier manera, El Carro es un carta de triunfo y victoria, o de desprestigio y derrota.

La lucha puede ser interior o exterior y los enemigos pueden ser ajenos o propios.

Por eso, antes de emprender la batalla, se recomienda al hombre que se ponga de acuerdo consigo mismo antes de ponerse en acuerdo o desacuerdo con los demás.

Interpretación: Triunfo, victoria. Los méritos personales serán reconocidos. Buen fin para todo tipo de negociaciones. Dominio personal de la situación. Dificultades vencidas. Conquista, logro, ascenso, promoción.

Invertida: Lucha, enfrentamiento. Indecisión ante los problemas. Incapacidad para resolver los asuntos. Pérdida de categoría. El consultante puede estar confiando demasiado en sus propias fuerzas. Orgullo, soberbia. Incapacidad para reconocer que se necesita ayuda. Si no se reacciona pronto, posible derrota.

VII

LA JUSTICIA

La justicia es una invención humana para establecer un orden dentro de la sociedad. Y ciertamente es necesaria, pero pretender que se extienda a lo natural y a lo divino, es demasiado pedir.

La carta de La Justicia, por tanto, nos habla de las leyes humanas, de los trámites y papeleos oficiales, de los títulos escolares y de las acreditaciones profesionales, en fin, de todo aquello que esté reglamentado por los hombres.

Por lo que se refiere a lo espiritual y a lo natural, sólo nos indica la búsqueda del equilibrio necesario para que nuestra mente comprenda sus conceptos, porque nadie sabe a ciencia cierta qué es el bien y qué es el mal.

Interpretación: Sociedad, pacto, negociación e intercambio. Solución a problemas de índole legal. Papeles que se arreglan. Estudios que concluyen. Buena orientación vocacional. Deseos de que las cosas sean justas. La ley está de lado del consultante.

Invertida: Parcialidad, prejuicio, torpeza al juzgar las cosas. Irritabilidad. Negociaciones que se rompen. Retardo en las soluciones legales. Tropiezo en los estudios. Problemas con todo lo referente a papeles. Incapacidad para cumplir con ciertos pagos. Problemas legales graves si va acompañada de la Torre y del Ocho de Espadas.

VIII

EL ERMITAÑO

“Es mejor encender una luz que gritar en la oscuridad”, es el mensaje que nos trae la novena carta del Tarot.

El Ermitaño representa el conocimiento y la sabiduría empírica, es decir, a todo aquello que aprendemos con la experiencia diaria. Y nos previene de no cometer los mismos errores, pero también nos dice que nadie experimenta en cabeza ajena.

En suma, que El Ermitaño es una carta de madurez personal, de prudencia, de paciencia y de tolerancia.

Pero también es una carta de tenacidad y de esfuerzo personal.

Interpretación: Advertencia de prudencia. El consultante tiene que reflexionar sobre su situación personal y sobre sus problemas antes de actuar. Tenacidad en el trabajo y los estudios. Marcha lenta, pero segura, de los asuntos personales.

Invertida: El consultante está a punto de cometer un error a pesar de las advertencias. Egoísmo, intemperancia. Etapa de oscuridad y crisis. Mal momento para emprender proyectos o nuevas empresas. Impaciencia. El consultante se niega a ver las cosas como son.

IX

LA RUEDA DE LA FORTUNA

La Rueda de la Fortuna vive en perpetuo movimiento, tratando de establecer un equilibrio entre la buena y la mala suerte.

Nadie debería confiarse a la suerte con los ojos cerrados, porque la Diosa de la Fortuna es caprichosa.

Por otra parte, La Rueda de la Fortuna representa la fuerza del destino, esa rueda que los hombres son incapaces de mover o de detener una vez que se ha puesto en marcha.

El hombre goza de un libre albedrío que le permite vagar libremente por el mundo, pero no puede evitar el enfrentarse con su destino.

Y aunque esta carta es generalmente positiva, el consultante no debe fiarse de ella.

Interpretación: Suerte, fortuna, buenas noticias. Si va acompañada de oros, se conseguirá dinero; si de bastos, trabajo; si de espadas, salir de un problema o una enfermedad; y si de copas, conquistar un amor. Posibilidad de premios en los juegos de azar.

Invertida: La buena suerte puede convertirse en mala. Advertencia de ahorro para los malos tiempos que se avecinan. Incapacidad para modificar las situaciones que rodean al consultante. Pequeños premios o pequeñas recompensas. Suerte dentro de la adversidad.

X

LA FUERZA

Esta undécima carta del Tarot nos habla de los ejercicios de voluntad que ha de hacer el hombre para enfrentarse a la vida.

Y nos habla de la dama que domina a la fiera, o del hombre que domina sus instintos.

La Fuerza es, por tanto, la conversión del hombre en ser racional, capaz de superar su aspecto animal, o de dominarlo encausándolo por las vías de la energía y la actividad.

Pero hay que tener cuidado, porque la fuerza puede ser tan constructiva como destructiva, especialmente cuando somos incapaces de dirigirla.

Nadie será verdaderamente libre hasta que no se libere de sí mismo.

Interpretación: Energía, creatividad, brillo personal, imaginación. Capacidad para enfrentarse a cualquier problema. Jerarquía, mando, dirección. Buenos asuntos que requieren de la fuerza de voluntad del consultante para tener resultados positivos.

Invertida: Exageración, mezquindad, falta de ingenio. El consultante está recurriendo demasiado a las mentiras para lograr sus propósitos y hay peligro de que lo descubran. Fraude o estafa. Posibilidad de enfermedad por debilidad corporal. Venta frustrada.

XI

EL COLGADO

El Colgado nos recuerda las concesiones que tenemos que hacer a los demás para llevar una vida tranquila.

También nos recuerda que vivimos en sociedad y que debemos de tener un mínimo sentido de la solidaridad.

El Colgado representa el sacrificio del hombre, al tiempo de espera, a la paciencia forzada.

Todo está en suspenso, hay que saber esperar mejores oportunidades. Y también hay que saber renunciar a todo aquello que no podemos retener a nuestro lado.

Pero no hay que exagerar en el sacrificio porque corremos el riesgo de caer en el victimismo y en el masoquismo.

Y tampoco hay que caer en la contemplación y en la negligencia, que una cosa es saber esperar y otra muy distinta dedicarnos a no hacer nada.

Interpretación: Tiempo de espera. Todo lo que esperamos de la vida puede sufrir un importante retraso. Trabajos incómodos. Mucho trabajo y pocas recompensas. Época de hacer méritos en espera de mejores oportunidades.

Invertida: Tropiezo, invalidez temporal. Inquietud, ansiedad, impotencia. Sacrificios innecesarios o inútiles. El consultante está siendo demasiado indulgente con los demás y consigo mismo. Es posible que tenga que asumir o responder por errores ajenos. Sentencia legal desfavorable si va acompañada por la carta de La Justicia.

XII

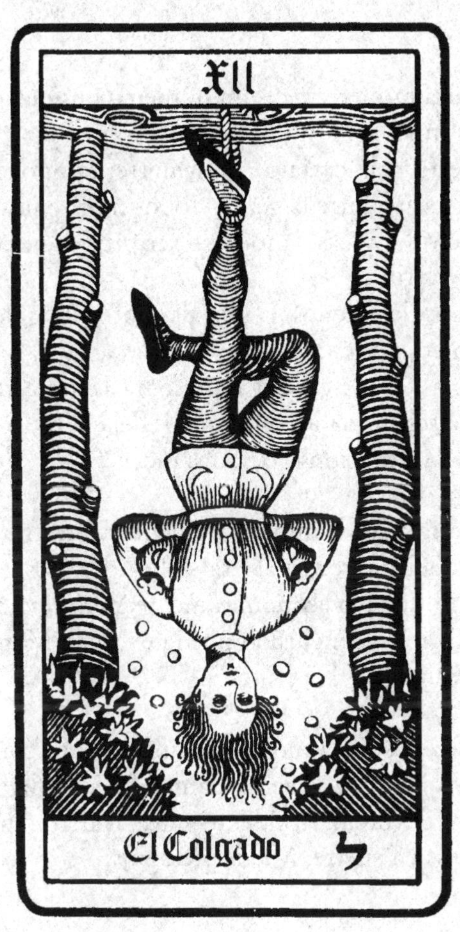

LA MUERTE

Es la carta número trece, un número considerado de mala suerte por muchos.

La muerte, y la carta de La Muerte, tampoco gozan de muy buen cartel entre la gente. Todos moriremos algún día, pero a pocos les gusta la idea de ser precisamente ellos los que van a morir.

Para otros, los menos, la idea de morir no es del todo negativa, o bien, no les asusta.

Pero esta carta no sólo representa la muerte física, la muerte del ser humano. Sino que refleja la muerte de cualquier tipo de situación o circunstancia.

Interpretación: Cambio inminente. Término de una situación, si La Muerte sale al lado del As de Oros, ese término será muy productivo económicamente, pero si va acompañada de La Torre, la conclusión puede ser fatal. Muerte. Enfermedad crónica.

Invertida: Estancamiento o rompimiento con violencia de una situación que se venía alargando desde hacía tiempo. Separación. Divorcio. Accidente grave. Muerte. Enfermedad incurable. Mala suerte. Malos presagios.

XIII

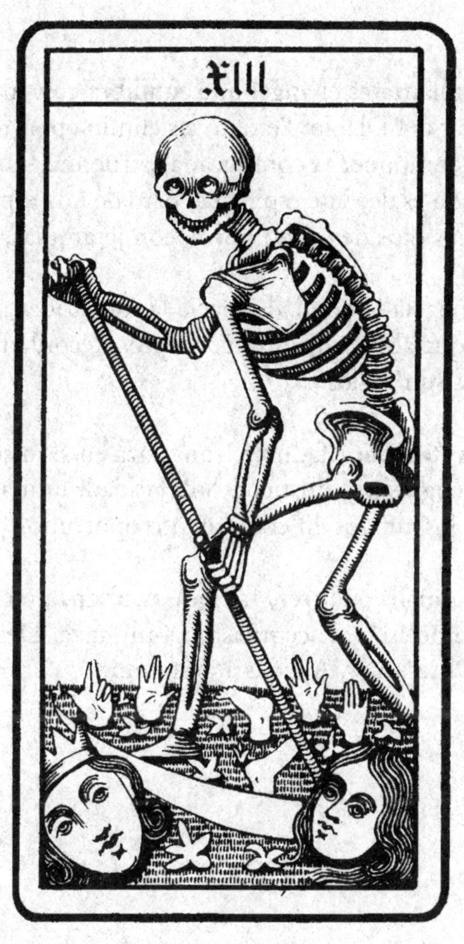

LA TEMPLANZA

La Templanza es el ángel que equilibra con su oposición a las fuerzas del Diablo. Pero no las elimina porque le hacen falta para componer la complicada estructura humana.

Esta carta es de tinte espiritual, pero de una espiritualidad vista con los ojos de los hombres, con jerarquías, premios y castigos.

Tiende hacia la bondad y hacia la solidaridad, pero tampoco hay que abusar de estos conceptos, recordad que todos los excesos son malos.

Interpretación: Madurez, confianza en sí mismo. Sentimientos religiosos y místicos. Solidaridad, humanitarismo. Ayuda de los amigos en el momento oportuno.

Invertida: Inmadurez, falta de confianza en sí mismo. Fanatismo político. Escepticismo a ultranza. Desequilibrio mental. Obsesiones. Ayudas a destiempo.

XIV

EL DIABLO

No podemos decir que sea una carta completamente negativa, pero tampoco tiene mucho de positiva.

Porque El Diablo representa, como carta del Tarot, a todos esos lazos que nos atan a la tierra: pasiones, ira, sexo y dinero, por ejemplo.

Un poco de materialismo no nos va nada mal en esta vida materialista que nos ha tocado vivir, porque nos permite asentarnos sobre la tierra. Pero sí un exceso, porque todo exceso es malo, tanto en lo material como en lo espiritual, al menos mientras tengamos este cuerpo carnal.

Interpretación: Tendencia a relacionarse con las ciencias ocultas, especialmente con la brujería. Ambición desmedida. Sexualidad demasiado despierta. Infección en los órganos genitales. Materialismo. Incapacidad para renunciar a lo que se posee.

Invertida: Superstición. Sentimiento de persecución. Mala conciencia. Tentación de cometer un acto penado legalmente. Fanatismo religioso o espiritual. El consultante puede sufrir en poco tiempo una serie de fenómenos paranormales. Impotencia. Miseria moral o económica.

XV

LA TORRE

Esta es sin duda una carta de mal agüero, una carta que anuncia tempestades, problemas de todo tipo y accidentes de toda clase.

El Diablo es la ambición por donde sube el hombre hasta lo más alto de su soberbia, y La Torre es la consecuente caída causada por su ceguera.

Pero no siempre La Torre indica cosas tan graves. También puede ser un aviso para que el consultante reaccione ante la crisis inminente.

La Torre nos deja una lección: "Todo lo que hace y todo lo que construye el hombre es perecedero e intrascendente".

Interpretación: Problemas inminentes. Mal momento para realizar viajes o para iniciar proyectos. Mala suerte. Peligro de caída o accidente. Impotencia para luchar contra los problemas o los elementos. Rompimiento.

Invertida: El consultante está cometiendo una serie de errores que le están llevando al caos. Engaño, frustración, desesperación. Operación quirúrgica. Contagio o enfermedad fulminante. Oportunidades perdidas. Rompimiento. Descalabro.

XVI

LA ESTRELLA

La carta número 17 del Tarot nos trae un anuncio de esperanza, porque La Estrella es el bálsamo que cura todas las penas.

Su relación con el cosmos y los astros nos recuerda que las cartas se pueden tirar astrológicamente:

Mezcla las cartas siete veces y forma doce grupos de tres cartas cada uno.

El primero representa la personalidad.

El segundo la economía.

El tercero los hermanos y a las noticias.

El cuarto el hogar y la madre.

El quinto la fortuna y a los hijos.

El sexto la salud.

El séptimo los socios o a la pareja.

El octavo el sexo y a los cambios.

El noveno el espíritu y a los viajes.

El décimo el trabajo y los estudios.

El undécimo las ayudas y a las amistades.

Y el duodécimo, las obligaciones.

Interpretación: Recuperación. Salida de un problema grave. Convalecencia. Solidaridad. Buenas oportunidades. Ayudas.

Invertida: Breve recuperación. Remitirán los problemas, pero no desaparecerán del todo. Esperanza.

XVII

LA LUNA

Esta carta está conectada con el mundo interior y mental de las personas. Con la intuición, la imaginación y el psiquismo. Con las Ciencias Ocultas y los poderes paranormales del hombre.

Por eso La Luna debe de ir acompañada de buenas cartas para no trastocarse. La psiquis es demasiado delicada como para jugar con ella.

Además, La Luna representa a todos los valores maternales y a todos los efectos provocados por los cambios lunares.

Interpretación: Maternidad, embarazo o fertilidad. Psiquismo, intuición, imaginación. El hogar, la madre, la patria, las tradiciones. Sucesos que se desarrollarán dentro de muy poco tiempo: en el próximo cambio de fase lunar. Sensibilidad artística. Realización personal para las mujeres.

Invertida: Problemas menstruales. Embarazo no deseado. Inestabilidad mental. Alcoholismo o drogodependencia. Alucinaciones. Cambios inesperados. Malas sorpresas. Volubilidad. Carácter excesivamente cambiante. Pérdida de memoria.

XVIII

EL SOL

La Luna es la parte psíquica del hombre. Y El Sol a la parte física, pero a la parte física conectada al intelecto.

La Luna da lugar al embarazo. Y El Sol da lugar a los nacimientos y a los hijos. Con La Luna se engendra, pero con El Sol se da a luz.

Pero El Sol es además energía y vida, y nos habla de los nuevos comienzos asegurándonos que siempre habrá un mañana.

Interpretación: Realización personal. Un proyecto que se concreta. Nacimiento. Buenas noticia Desarrollo intelectual. Buena época para los estudios. Recuperación de la salud. Energía corporal. Capacidad para las comunicaciones, la política y la medicación.

Invertida: Problemas de esterilidad o ciertas dificultades en el parto. Los hijos dominan al consultante. Problemas con los estudios. Malas noticias. Recaída. El consultante puede ser un hipocondríaco y pensar que sufre todo tipo de enfermedades.

XIX

El JUICIO

A nadie le gusta ser juzgado o criticado por los demás. Pocos son los que siguen un consejo. Pero son muchos los que cargan a los gobernantes, a los jefes o a los dioses con sus responsabilidades.

El hombre se desentiende de aquello que no le interesa. El hombre duerme con frecuencia el plácido sueño de la inconsciencia.

Pero el hombre ha de despertar algún día, y de eso es de lo que nos habla El Juicio, del despertar, del adquirir conciencia.

El hombre cuida de sus derechos,, pero se olvida de sus responsabilidades y de sus obligaciones mientras nadie se las exige.

Interpretación: El consultante tendrá que rendir cuentas de sus actos. Posibilidad de que se enfrente a un juicio social, familiar o legal. Sucesos que le obligarán a comprometerse, le guste o no. Examen u oposición para ascender.

Invertida: Un problema grave puede romper los esquemas del consultante. Litigio perdido. El consultante se verá obligado a pagar sus deudas o sus culpas. Fracaso en exámenes.

XX

EL MUNDO

Todas las aspiraciones, fracasos, virtudes y defectos del hombre se encuentran dentro de este planeta. Y así seguirá siendo hasta que muera o hasta que conquiste otros planetas.

El Mundo representa a la tierra y a todo lo que en ella se concentra: los viajes, los sueños, las ilusiones, las esperanzas, los bienes materiales, etcétera, etcétera.

Y nos pone todo al alcance de nuestra fuerza de voluntad. El Mundo está aquí y nosotros estamos aquí, todo depende de nuestro esfuerzo.

Interpretación: Viaje próximo. Contactos con el extranjero. Ascenso de categoría social, laboral o económica. Buena etapa para emprender negocios e ideas. Tendencia a vivir en el extranjero.

Invertida: Pequeños viajes. Aprendizaje de idiomas. Pequeños estímulos. Buen momento, de cualquier manera, para intentar dar un salto en la profesión, los estudios o la economía. Cambio de residencia.

XXI

EL LOCO

Esta es la carta número cero. En ella se encuentran contenidos los aspectos artísticos, bohemios, revolucionarios y artísticos del hombre.

El Loco expresa marginalidad, fantasía, locura, excentricidad y riesgo.

Y cuando sus valores están bien encausados los resultados pueden ser geniales y maravillosos. Pero cuando son mal encausados, sólo son capaces de obtener resultados miserables, destructivos y desastrosos.

Todos llevamos a un loco dentro de nosotros, pero son pocos los que se atreven a dejarlo salir.

Interpretación: Trabajo inseguro pero rentable. Rebeldía en contra de lo establecido. Inmadurez y puerilidad. Lucha por la fama. Simpatía y carisma. Generosidad. Triunfo en las actividades artísticas. Talento y tesón.

Invertida: Inseguridad total. Insanidad, enfermedad, locura. Desprestigio social. Fantasías desveladas. Talento mediocre. Retorcimiento, cizaña. Repudio de los demás. Inseguridad sexual.

0

LOS ARCANOS MENORES

AS DE BASTOS

Representa a la pasión, a los juegos de azar y al trabajo. Está relacionado, como todo el palo de bastos, con los signos astrológicos de Aries, Leo y Sagitario.

Interpretación: Triunfo en el trabajo. Buen estado de salud. Ganancias o premios. Recompensas. Realización personal. Carácter pasional. Sexualidad viva.

Invertida: Dificultades laborales aunque con buenos visos de solucionarse. Frustración en los juegos de azar. Ciertos problemas sexuales. Infección en las vías urinarias.

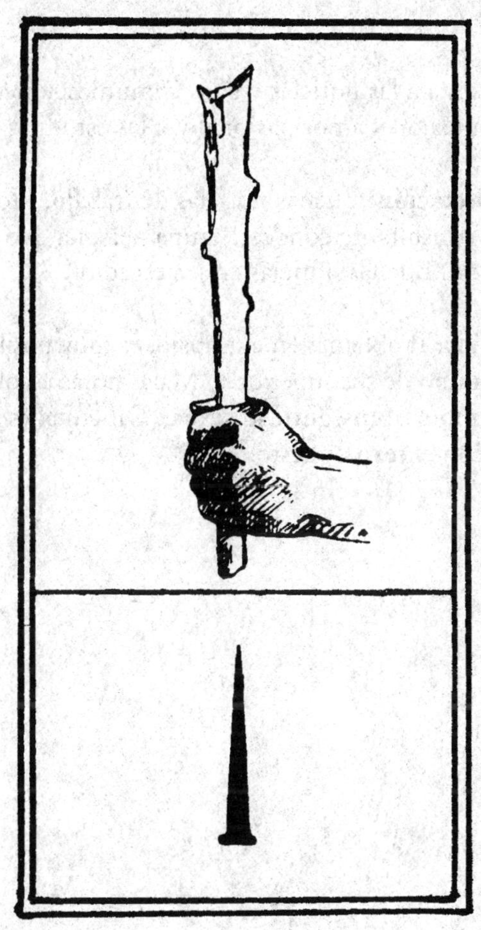

DOS DE BASTOS

Representa a las noticias y a las comunicaciones con respecto al trabajo, el amor pasional y a los estudios.

Interpretación: Buenas noticias de trabajo. Probable ascenso. El consultante conocerá a una persona que despertará su pasión. Buenas noticias en los estudios.

Invertida: Problemas en el trabajo, es muy posible que se enfrente a uno de sus superiores. Malas notas escolares. Decepción amorosa. Inseguridad sexual. Dificultades para relacionarse con el sexo opuesto.

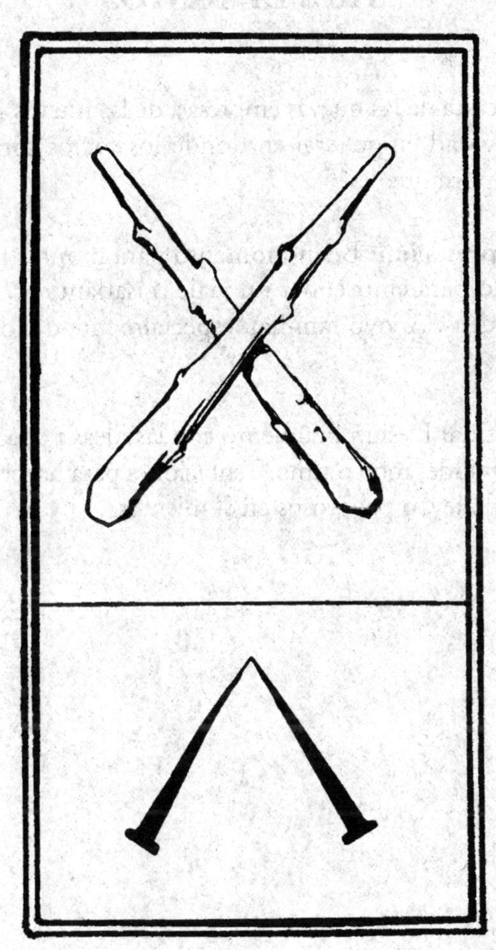

TRES DE BASTOS

Es la carta de las nuevas empresas, de las nuevas ideas y de la creatividad en general en donde los socios forman una parte importante.

Interpretación: Buen momento para montar un nuevo negocio o para emprender un viaje trasatlántico. Talento y buenas ideas. Apoyo familiar, especialmente de los hermanos.

Invertida: Deslumbramiento con las ideas novedosas. Peligro de fraude, robo o timo. Tentaciones para hacer negocios fuera de la ley, o peligrosos en sí mismos.

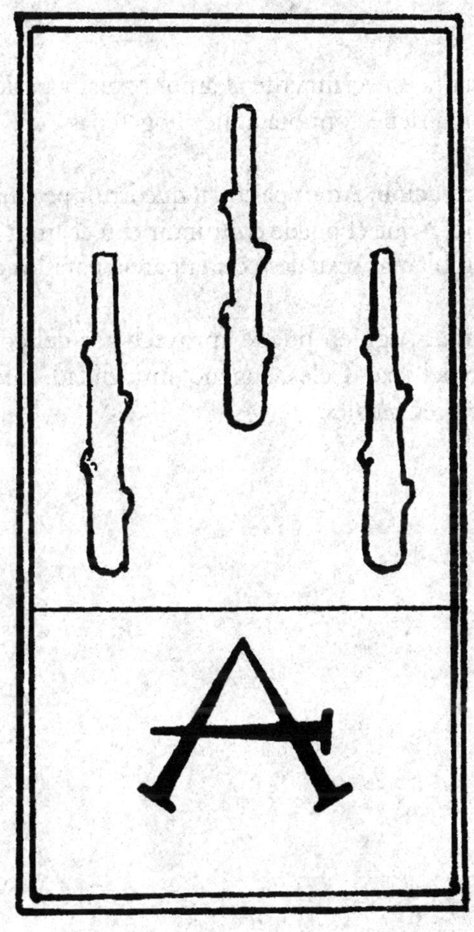

CUATRO DE BASTOS

Representa especialmente al amor sexual y pasional, aunque también tiene connotaciones hogareñas.

Interpretación: Amor pasional que irrumpe en la vida del consultante, y que él puede confundir con el amor conyugal. Ciertos problemas sexuales con la pareja para los casados.

Invertida: Alguien puede aprovecharse del consultante por medio del sexo. Celos, engaño, infidelidad. Infección venérea. Dolores renales.

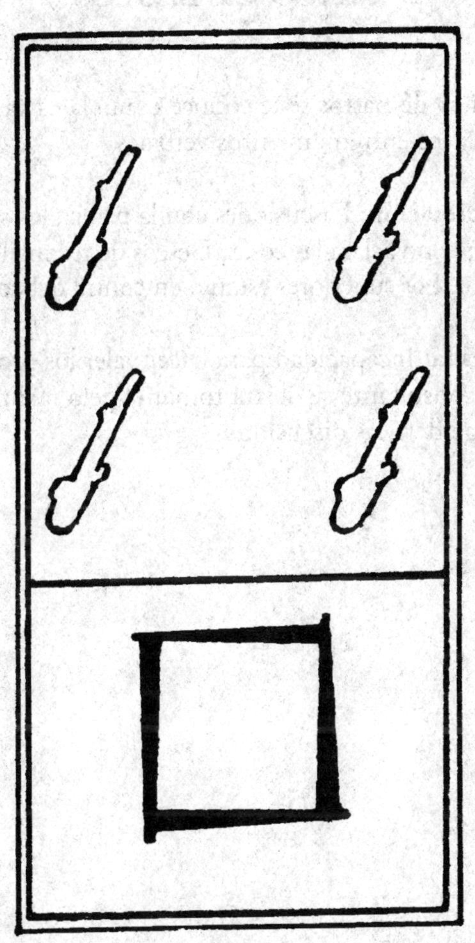

CINCO DE BASTOS

Al Cinco de Bastos se le conoce como la carta de las discusiones y los enfrentamientos verbales.

Interpretación: Discusiones con la pareja, los socios y los amigos, que no aclara las cosas. Deseos de reconciliación que se frustran. Los superiores estarán en contra del consultante.

Invertida: Incapacidad para hacer valer los propios derechos. El consultante se dejará tomar el pelo fácilmente, y si discute, perderá las discusiones.

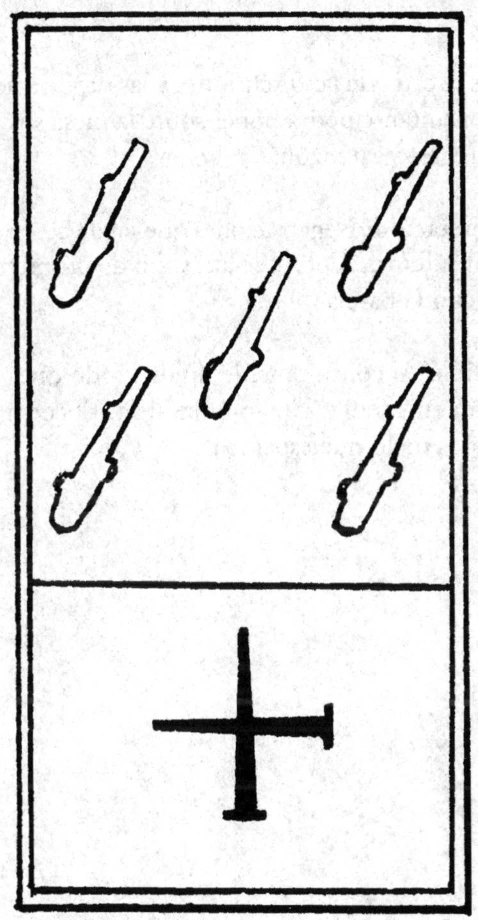

SEIS DE BASTOS

Esta es la carta de las discusiones y las negociaciones ganadas. El consultante podrá poner sobre la mesa sus puntos de vista y establecer su razón.

Interpretación: Negociaciones que favorecerán los intereses del consultante. Cobro de atrasos o de promesas. Reconciliación con la pareja.

Invertida: Al consultante le dirán a todo que sí, pero no lo tomarán en cuenta. Un amor se aleja. El consultante cobrará menos de lo que esperaba.

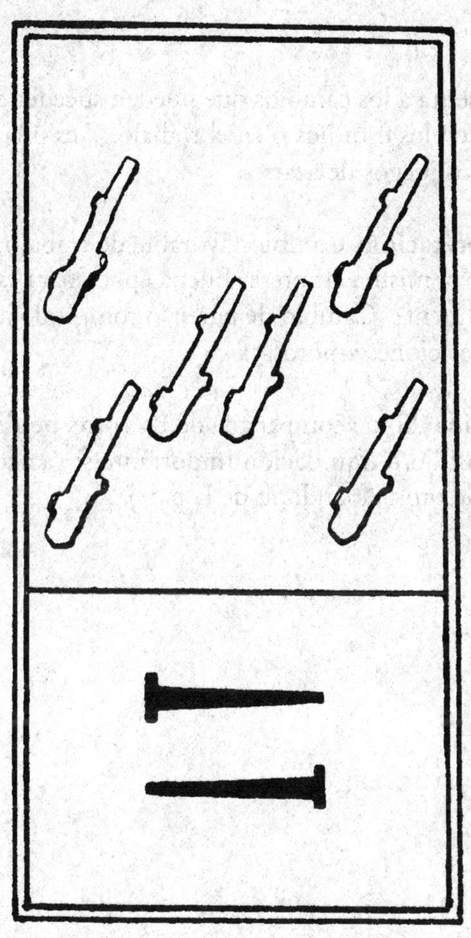

SIETE DE BASTOS

Representa a los cambios que pueden suceder en el amor pasional, en los estudios o en el trabajo. Y es una buena señal para los juegos de azar.

Interpretación: Cambio favorable de trabajo, inclusive dentro de la misma empresa. Buena época para establecerse comercialmente. Cambio de pareja o rompimiento de unas difíciles relaciones amorosas.

Invertida: Si va acompañada de La Torre, pérdida de empleo. Subsidio o liquidación importante si va acompañada del diez de oros. Abandono de la pareja.

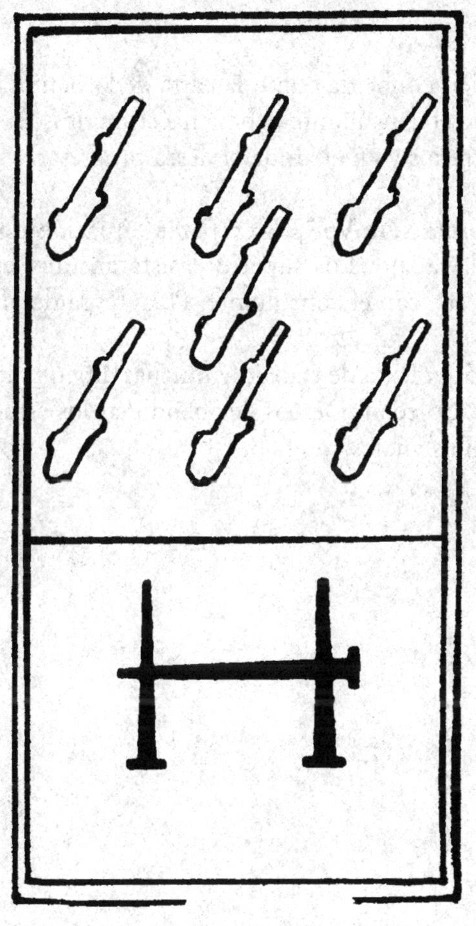

OCHO DE BASTOS

También conocida como la carta de la siembra. Ella nos indica que el consultante deberá hacer méritos en el trabajo, en los estudios y en el amor, si desea progresar.

Interpretación: Volver a empezar. Situación un tanto crítica en el trabajo. Los superiores estarán muy exigentes y desconfiados con el consultante. Poco respaldo afectivo.

Invertida: Falta de trabajo y muchas dificultades para encontrarlo. Soledad. Deseos de abandonar los estudios. Falta de estímulos vitales.

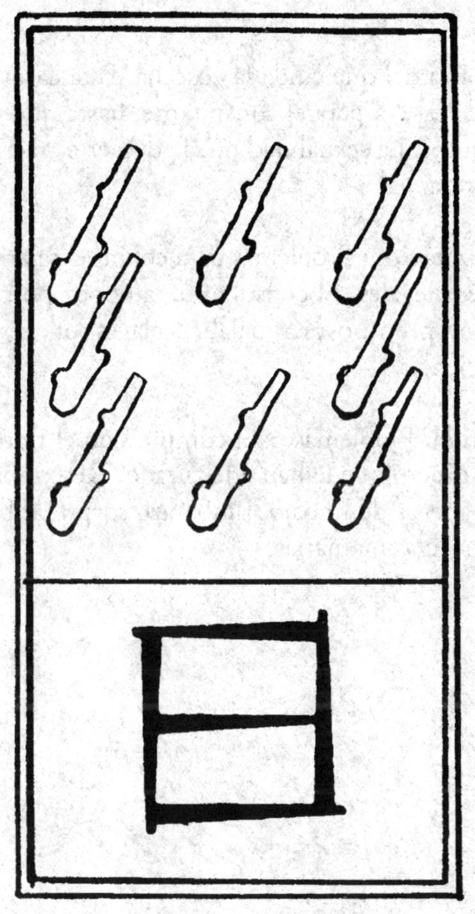

NUEVE DE BASTOS

O la carta del que cuida la cosecha. Esta carta marca un compás de espera para el consultante, hasta que nazcan los nuevos frutos. La sexualidad puede decaer o traer un embarazo sorpresa.

Interpretación: Problemas para cobrar el salario. Retraso en papeleos legales. El consultante tampoco podrá cumplir con sus compromisos. Las palabras claves son: responsabilidad y paciencia.

Invertida: Problemas para cumplir con el trabajo y para justificar dinero que le han adelantado. Desconfianza entre los compañeros de trabajo. Embarazo sorpresa. Infecciones en las glándulas mamarias.

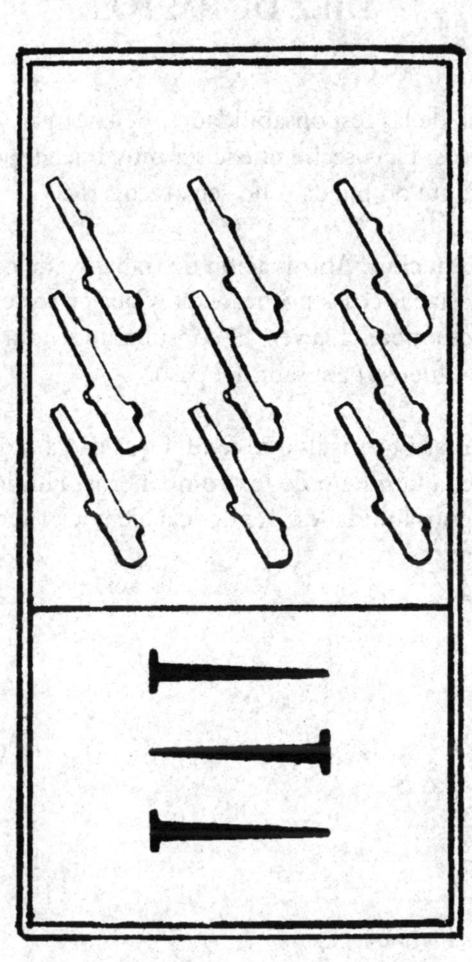

DIEZ DE BASTOS

La carta de las responsabilidades, de la carga y de los pesos excesivos. La cosecha puede ser muy buena, pero quizás el consultante no pueda o no sepa recogerla.

Interpretación: Abrumación de trabajo y de compromisos. Demasiadas cosas por resolver. Caos en los estudios. Y demasiados amores a la vez. El consultante tendrá que hacer un doble esfuerzo para salir del paso.

Invertida: El consultante tendrá que cargar con los problemas de la familia o de los compañeros. Huida, rechazo de las responsabilidades. Tendencia a enviciarse en los juegos de azar.

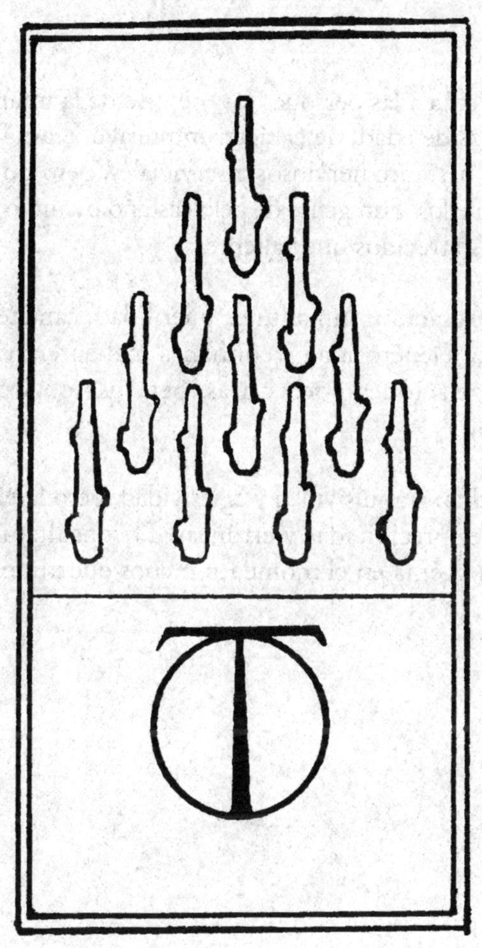

SOTA DE BASTOS

Representa a las personas jóvenes, desde la infancia hasta los 18 años de edad, de carácter impulsivo, teatral y expansivo. Son bastante nerviosos y serviciales, pero no se puede confiar en ellos. Son gente de pelo castaño oscuro o pelirrojo. Y son más atrevidos que valientes.

Interpretación: Inmadurez, puerilidad, carácter infantil e ingenuo. Generosidad y confianza mal entendida. Inicio de unas relaciones poco claras. Servilismo. Secreto mal guardado.

Invertida: Impulsividad y agresividad, pero falta de valor. Decisiones precipitadas y erróneas. El consultante hablará más de la cuenta en el momento menos oportuno.

CABALLERO DE BASTOS

Representa a las personas, principalmente hombres, castañas o pelirrojas de los 19 a los 30 años de edad. Su carácter es impulsivo, pero noble. Trae buenas noticias y viaja mucho, pero corre el riesgo de sufrir un accidente.

Interpretación: Asentamiento personal entre nuevos compañeros de trabajo o de estudios. Ocupaciones militares. Viaje de estudios o cambio de residencia por cuestiones laborales. Nobleza y generosidad en las acciones personales.

Invertida: Accidente automovilístico o de moto. Si va acompañada de La Torre o El Diablo, el accidente puede ser grave. Noticias que se pierden o retrasan. Malos entendidos.

REINA DE BASTOS

Representa a las personas, principalmente mujeres, castañas o pelirrojas de los 31 a los 45 años de edad. De buen carácter, simpáticas, joviales y apasionadas. Con buenas capacidades laborales, pero con cierta tendencia a los vicios.

Interpretación: El consultante puede verse favorecido por el apoyo de las mujeres de Aries, Leo o Sagitario. Buenas intenciones que se concretan en buenos actos. Amor pasional dentro del matrimonio.

Invertida: Las mujeres de Aries, Leo y Sagitario serán duras rivales a vencer. Los tropiezos y las traiciones estarán a la orden del día. Amor pasional fuera del matrimonio.

REY DE BASTOS

Representa a las personas, principalmente hombres, de más de 45 años o con una sólida posición y una larga experiencia. De carácter agradable pero desconfiado, capaces de darte trabajo pero incapaces de prestarte dinero.

Interpretación: Favores y ayudas de los mandos superiores. Promoción en el empleo y triunfo en los estudios. Pero fracasos en los juegos de azar y en las especulaciones.

Invertida: Dolores de espalda y males cardíacos. Problemas con los negocios propios. Breve fortuna en los juegos de azar. Matrimonio por conveniencia.

AS DE ESPADAS

El As de Espadas, como todo el palo de espadas, representa a los signos astrológicos de Géminis, Libra y Acuario. Al intelecto, la estética y el humanitarismo. Pero también representa a la lucha diaria y a las enfermedades.

Interpretación: Triunfo en la lucha de la vida. Conquista de los logros que se ha propuesto. Inteligencia y astucia. Fluidez verbal, don de persuasión.

Invertida: Triunfo en la vida, aunque haciendo algunas trampas. Especulación y falta de escrúpulos. Falta de solidaridad con los problemas ajenos. Enfermedad grave en las vías respiratorias.

DOS DE ESPADAS

Es una carta de comunicación, de mensaje y de transporte. Refleja al guerrero que lucha con dos espadas para hacerse un lugar en el campo de batalla.

Interpretación: Buen desarrollo intelectual. Lucha interior entre el corazón y lamente. Deseo de cambiar el estado de cosas. Talento artístico en la escultura. Buenas noticias para los que han comparecido a un concurso de arte.

Invertida: Favoritismo. Buena suerte inmerecida. Despotismo. Malversación de dinero y de información. Engaño a los seguidores. Aprovechamiento de las debilidades ajenas.

ת
ע
ב

TRES DE ESPADAS

Es una carta de rompimiento sentimental, de pérdida, de fracaso y de frustración. Especialmente negativa cuando va acompañada de La Muerte, La Torre o El Diablo.

Interpretación: Sufrimiento sentimental. Pérdida de un ser querido. Rompimiento amoroso. Divorcio, separación, viudez. Pérdida de empleo. Batalla perdida.

Invertida: Sigue siendo bastante mala. Enfermedad cardíaca. Enfermedad pulmonar. Herida por arma blanca. Incapacidad locomotora. Alergia. Rompimiento con las amistades o los familiares.

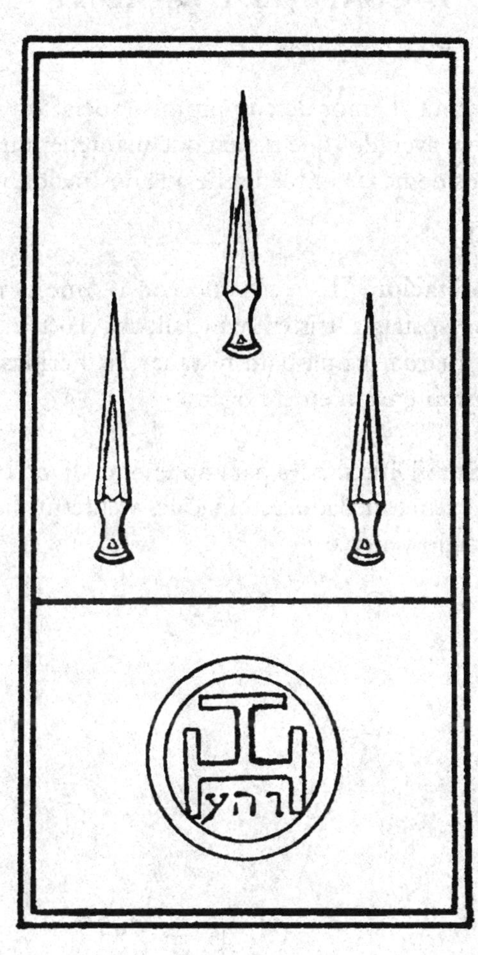

CUATRO DE ESPADAS

Representa al amor de compromiso social y a los matrimonios mal avenidos que tienen que mantener una apariencia ante los demás. También refleja la postración y la depresión.

Interpretación: Triste convalecencia. Amores no correspondidos. Nostalgia, tristeza y melancolía. Postración. Necesidad de guardar cama para restañar las heridas. Falta de amor y comprensión en el hogar.

Invertida: Dificultades para obtener el divorcio. Amores frustrados. Enfermedades estomacales y enfermedades crónicas. Contagio venéreo.

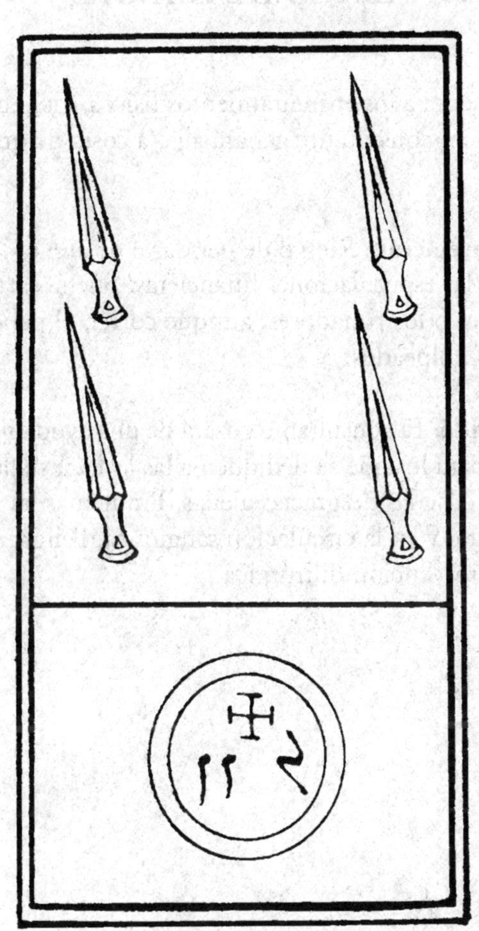

CINCO DE ESPADAS

Representa a los enfrentamientos físicos, Cuando aparece esta carta, el consultante ganará algo a costa de que otros lo pierdan.

Interpretación: Riesgo de heridas o de atentados. Buena suerte en las especulaciones financieras. Buena carta para los estafadores o los timadores, aunque corren el peligro de ser heridos o golpeados.

Invertida: El consultante gozará de una ayuda ilegal. Buena carta para los que se dediquen a las leyes. Estafa. Aprovechamiento de las desgracias ajenas. Problemas en la columna vertebral y en la circulación sanguínea. Peligro de úlcera. Difícil intervención quirúrgica.

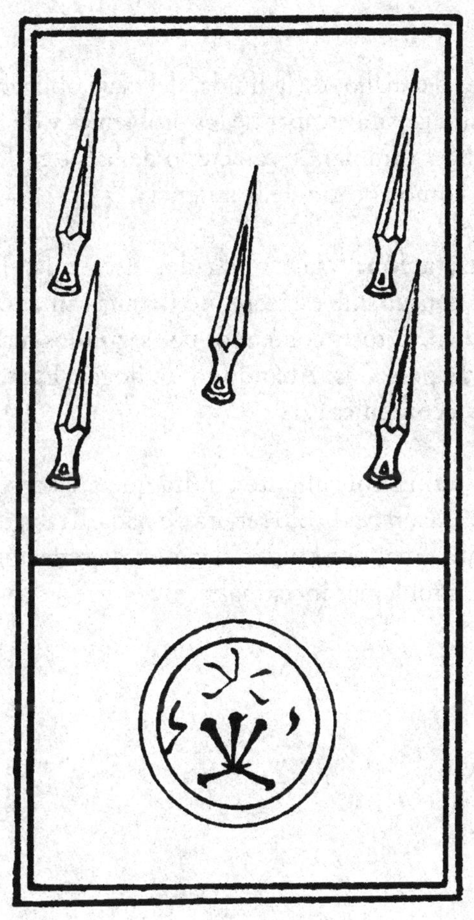

SEIS DE ESPADAS

La carta del exilio, de la huida, del viaje obligado. Representa la astucia para escapar de los problemas y de los enemigos, e incita a cambiar de carácter o de hábitos. También se la conoce como la carta de la ausencia.

Interpretación: Viaje obligado. Escapada. Renuncia. Huida. El consultante está a punto de sufrir una transformación personal. Errores cometidos por seguir los malos consejos de otras personas. Abandono de hogar. Etapa de crisis personal y económica.

Invertida: El consultante tendrá que ajustarse a las circunstancias. La rebeldía no servirá de nada. Trabajos desagradables y muy mal retribuidos. Tiempo de reflexión y de sufrimiento. Problemas intestinales.

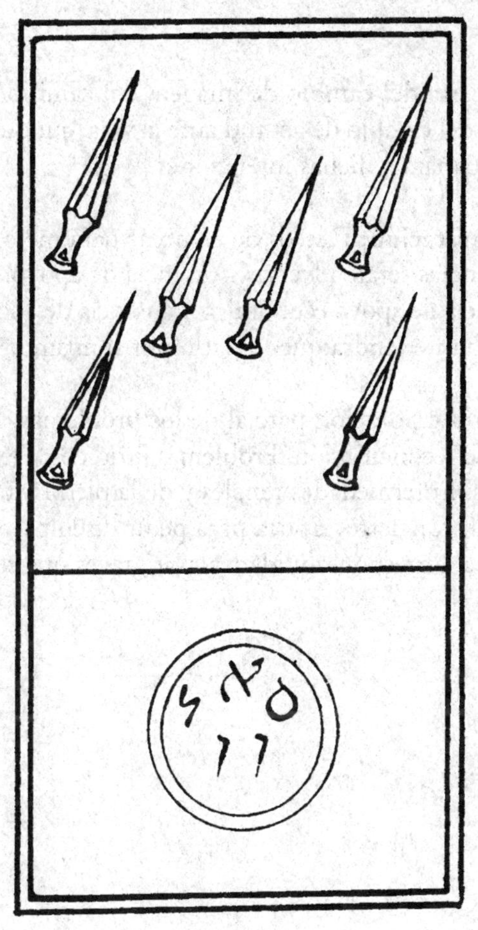

SIETE DE ESPADAS

Es la carta del cambio de imagen, del cambio de pensamiento y del cambio de actitud ante la vida, aunque la suerte no acompañará a dichas intenciones.

Interpretación: Deseos de cambiar para mejor, pero las circunstancias serán adversas. Ausencia de apoyo sentimental, ausencia de apoyo económico y ausencia de apoyo moral. El consultante tendrá que lograrlo por sí mismo.

Invertida: Solución parcial de los problemas. Retorno e intento de reconciliación. Problemas jurídicos. Demanda de los socios. Enfermedades renales y de la piel. Irritación personal y desconcierto. Época para pedir disculpas y para enfrentarse a las responsabilidades, por graves que sean.

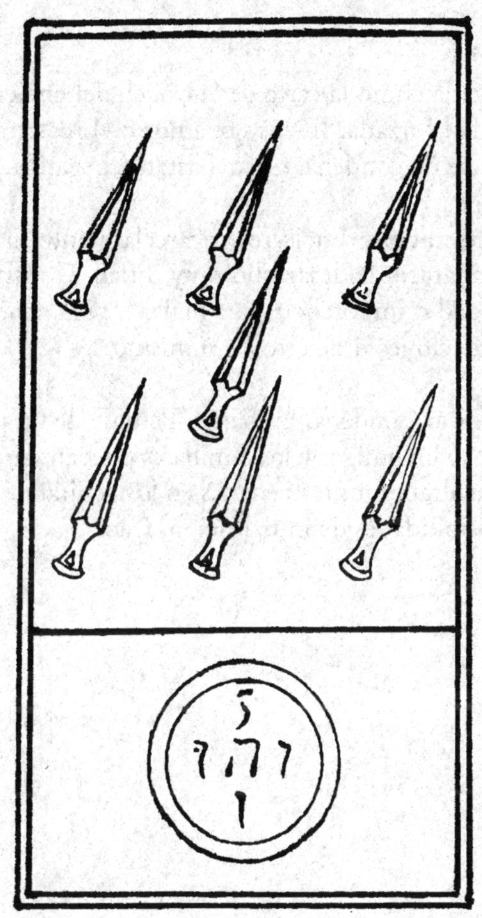

OCHO DE ESPADAS

Conocida como la carta de la cárcel, del encierro y de la maternidad forzada. Incluso el amor o el matrimonio será una especie de condena. Carta bastante negativa.

Interpretación: Encierro, encarcelamiento, hospitalización. Embarazo de desarrollo muy difícil. Confinamiento. Incapacidad o impotencia para viajar o para abandonar las malas situaciones. Encierro en sí mismo.

Invertida: Condena. Embargo. Pérdida de un proceso legal. Incluso los amigos y los familiares pueden darle la espalda al consultante. Enfermedades en los genitales, el ano y el recto. Posibilidades de intoxicación. Caos.

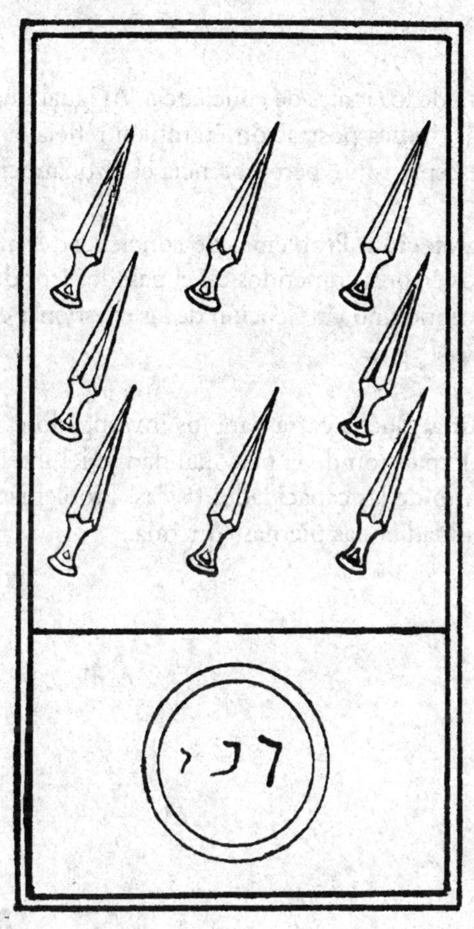

NUEVE DE ESPADAS

La carta de los males de conciencia. Al igual que el cuatro de espadas, indica postración. También refleja la incredulidad y el escepticismo, pero potencia el razonamiento lógico.

Interpretación: Problemas de conciencia. Malos recuerdos por los errores cometidos en el pasado. Condena que se acaba. Escepticismo y decepción de las cuestiones espirituales o religiosas.

Invertida: Buena carta para los investigadores y para los editores. Expansión de la personalidad y del intelecto, pero retraimiento de las capacidades físicas. Problemas musculares y debilidad en las piernas. Anemia.

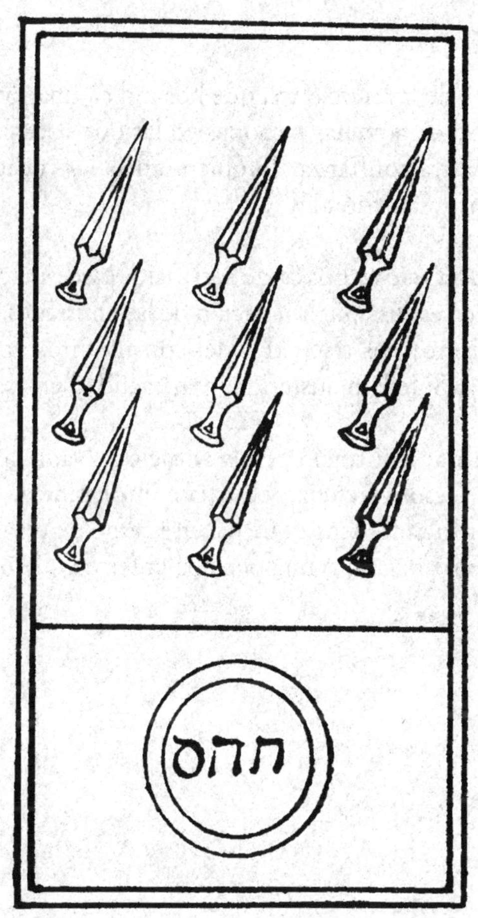
תהס

DIEZ DE ESPADAS

O carta de las traiciones, que nos indica una total falta de solidaridad de aquellas personas en las que habíamos depositado nuestra confianza. También refleja las vocaciones humanitarias y sacerdotales.

Interpretación: Época de sacrificio. Necesidad de ceñirse a una férrea disciplina. Traición de las amistades. Habladurías y chismorreos alrededor del consultante. Vocación de misionero. Soledad, austeridad y frugalidad en los hábitos.

Invertida: Frustración en la vocación. Nada saldrá como se desea. Desobediencia, rebeldía e intolerancia. Es posible que el consultante tenga que hacerse cargo de un niño abandonado, un anciano o una persona enferma que nadie quiere.

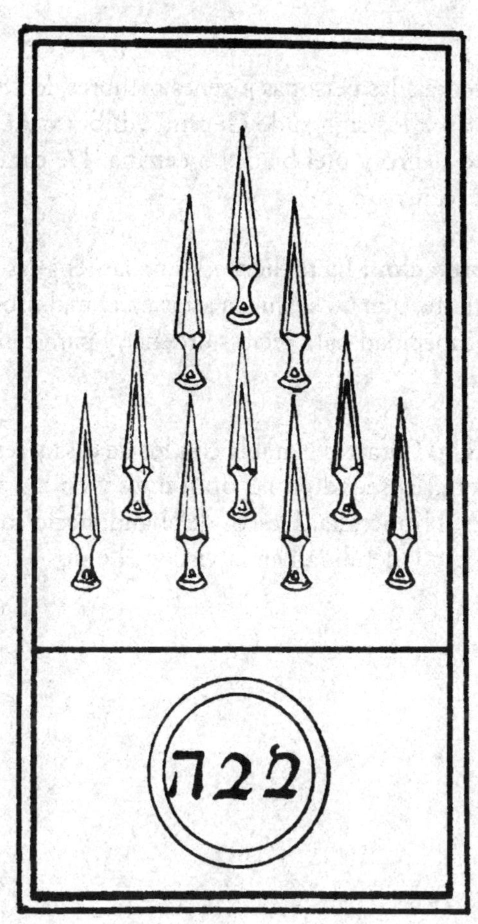
מבה

SOTA DE ESPADAS

Representa a las personas jóvenes menores de 18 años que pertenezcan a los signos de Géminis, Libra o Acuario. De pelo gris o negro y piel blanca o cetrina. De carácter cambiante y excéntrico.

Interpretación: La malicia y las malas lenguas persiguen al consultante, que no se queda atrás en el mal uso de las palabras. Incapacidad para recibir órdenes y para ceñirse a una disciplina.

Invertida: Carácter irritable con los de casa y servicial con los de fuera. Falsedad en las opiniones y en las posiciones personales. Hipocresía. Deseos de abandonarlo todo. Dolores de cabeza y debilidad en la vista y el oído.

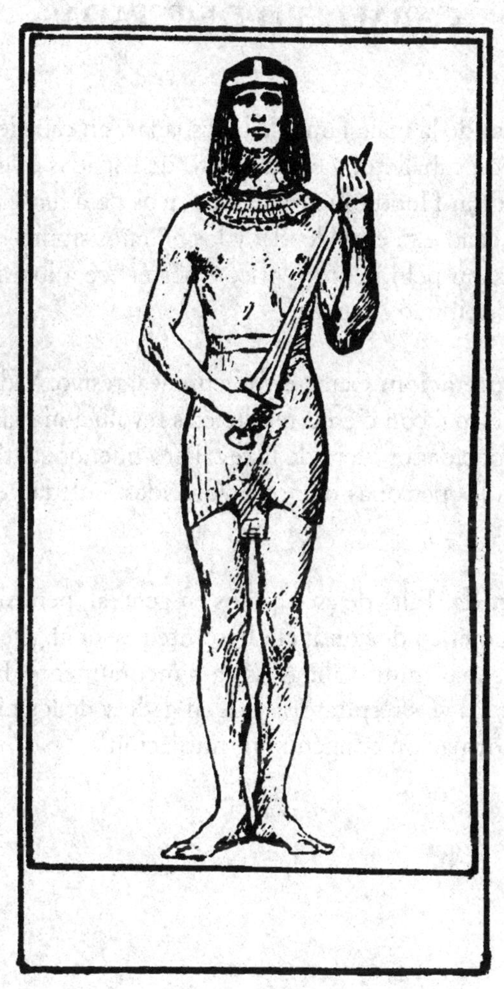

CABALLERO DE ESPADAS

A pesar de la mala fama de las espadas, un caballero siempre será un caballero, y el Caballero de Espadas es una especie de Robin Hood, que roba a los ricos para darle a los pobres. Su edad está entre los 19 y los 30 años su piel es blanca o cetrina, su pelo negro o gris, y pertenece a los signos de Géminis, Libra o Acuario.

Interpretación: Carácter valiente y agresivo. Vida marginal y atrevida, con ciertas tendencias revolucionarias que los demás consideran fuera de la ley. Pero buenos sentimientos para con las personas menos favorecidas. Soledad e incomprensión.

Invertida: Falta de escrúpulos en general, pero siguiendo un código ético de conducta bastante personal. Dedicación a las personas minusválidas física o mentalmente. Enfermedades de las vías respiratorias, del hígado y de los pies. Posible malformación congénita o mutilación.

REINA DE ESPADAS

La carta de la mujer que lucha sola, de la soltera, de la viuda, de la abandonada. Representa a las personas blancas o cetrinas, de pelo negro o gris, de los 31 a los 45 años, y de los signos de Géminis, Libra o Acuario.

Interpretación: Soledad, larga soltería o viudez, pero una gran capacidad para salir adelante por sí mismo. Las ayudas son casi nulas, pero las oportunidades y la astucia ayudan a encontrar el camino del éxito. Muy buena carta para las mujeres que se dedican a la medicina.

Invertida: Matrimonio por interés, o simplemente por no desear enfrentarse personalmente a la vida. Desidia, frialdad y apatía sexual. Carácter neurótico e intolerante. Problemas en el sistema nervioso. Mala suerte en general y propensión a los accidentes.

REY DE ESPADAS

Es la carta del hombre que se ha hecho a sí mismo, que se esfuerza por ser agradable, pero que es astuto, retorcido y brillante en los negocios, y que no le tiembla la mano en el momento de hacer servir la espada. Te ayudará sólo si le conviene. Representa, además, a las personas de más de 45 años, de piel blanca o cetrina, de pelo blanco, gris o negro, y de los signos de Géminis, Libra o Acuario.

Interpretación: Habilidad para todo tipo de negocios, especialmente para aquellos que no son del todo legales, pero que no traen ninguna complicación con la justicia. No pide ayuda, pero tampoco la da.

Invertida: Autorreclusión, falta de aspiraciones y de motivaciones. Desesperanza, abulia y apatía. Nostalgia y desengaño por la vida, como si la existencia hubiera sido una batalla perdida desde antes de comenzar.

AS DE COPAS

Representa, como todas las Copas, a los signos de Cáncer, Piscis y Escorpio. Y es la carta que contiene todos los sentimientos humanos, los talentos y las sensibilidades.

Interpretación: Triunfo en el amor. Talento para las artes. Sensibilidad. Armonía en el hogar. Amor y felicidad con la pareja. Satisfacciones a través de los hijos.

Invertida: Cosas que se le escapan al consultante de las manos. Cosas que se pierden. Necesidad de volver a comenzar para recuperar lo perdido. Lágrimas. Un amor que se va, probablemente de signo Aries.

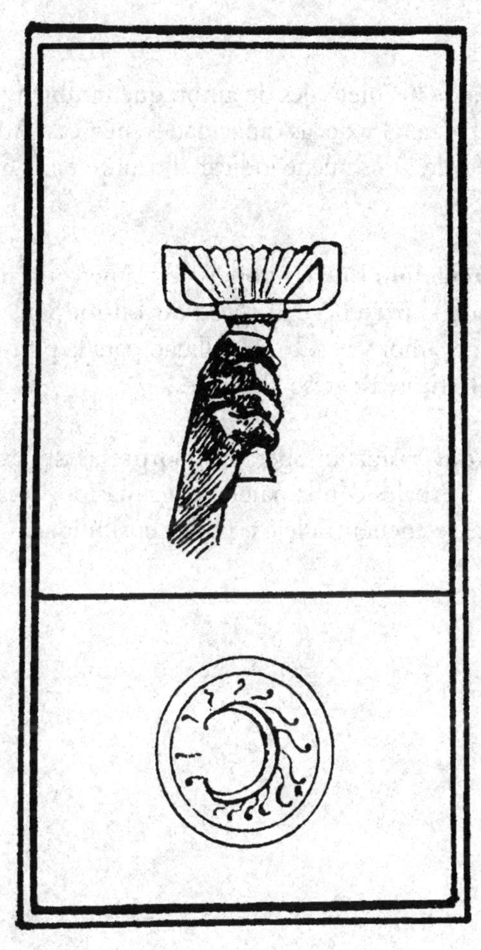

DOS DE COPAS

La carta de los mensajes de amor, que también nos habla de la salud general y de las capacidades médicas. Acompañada de un As de Oros puede indicar el triunfo en el mundo de la pintura.

Interpretación: Buenas noticias de la persona amada, especialmente si pertenece al signo de Tauro. Sensualidad y fantasía en el amor y el sexo. Habilidad para la pintura y para las artes plásticas. Regreso al hogar.

Invertida: Visitas inesperadas. Sorpresas del extranjero. Fricciones verbales con la pareja. Lágrimas por una persona amada que se encuentra lejos. Hipersensibilidad.

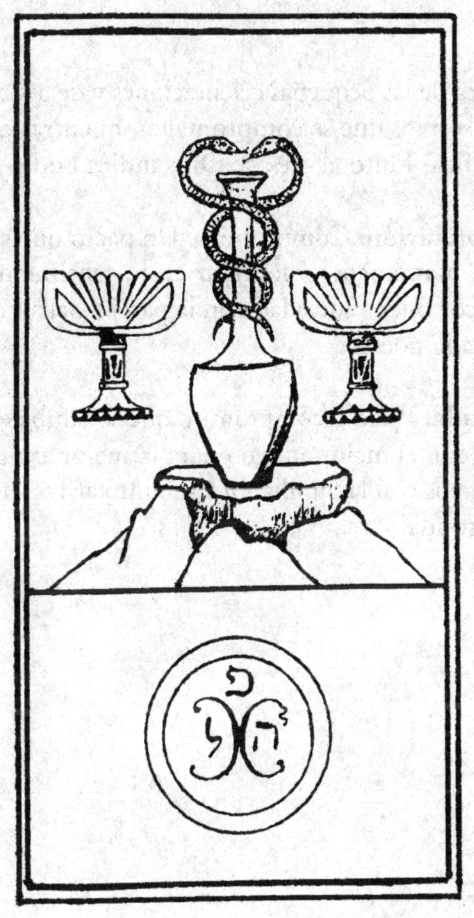

TRES DE COPAS

La carta de las pequeñas celebraciones y de los compromisos. Dos son los que se comprometen, mientras que un tercero testifica. Junto al Tres de Oros indica boda.

Interpretación: Compromiso. Un pacto que se sella. Petición de mano. Apoyo familiar en lo sentimental y en lo económico. Buena sociedad con la pareja. Sensibilidad y talento para la poesía.

Invertida: Pacto o compromiso que se tambalea. Engaño amoroso con el mejor amigo o con la mejor amiga. Problemas afectivos con la familia. Si sale junto al Tres de Espadas, boda frustrada.

CUATRO DE COPAS

Esta es la carta del domicilio conyugal. De la construcción de un nuevo hogar, de la realización de un sueño, del matrimonio asentado y la estabilidad emocional.

Interpretación: Deseos de tener un nuevo hogar. Compra de un bien inmueble. Inversiones y ahorros con vistas al matrimonio. Felicidad conyugal. Amor bien correspondido. Talento para la arquitectura.

Invertida: Fraude en la compra de una casa nueva. Inversión perdida. Enfado y reconciliación con la pareja. Problemas en la luna de miel. La realidad del matrimonio hace a un lado a los antiguos sueños. Intereses encontrados.

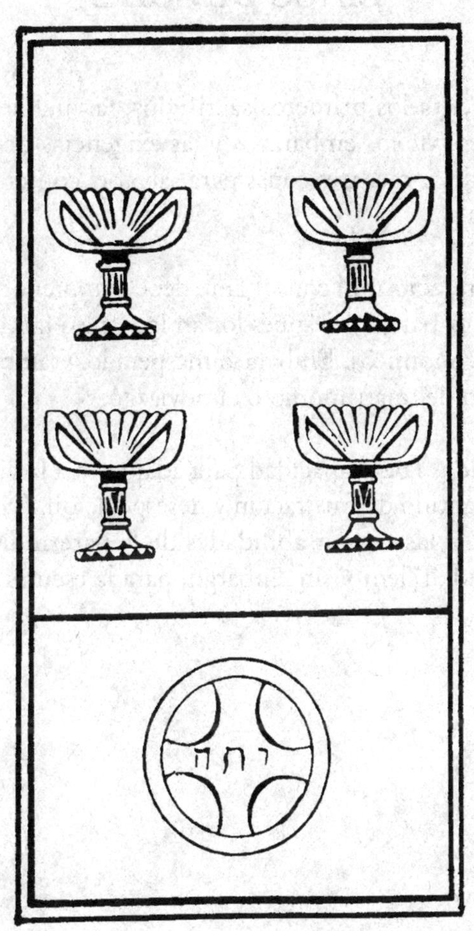

CINCO DE COPAS

Representa los primeros sacrificios, la vuelta a la realidad, el peso de los embarazos y las exigencias de los hijos. Hay que dejar caer tres copas para salvar el contenido de las otras dos.

Interpretación: El consultante debe comprender que primero está la pareja y después los amigos y los familiares. Sacrificios económicos. Embarazo inesperado. Cambio de planes dentro del matrimonio o el noviazgo.

Invertida: Poca capacidad para adaptarse a la vida matrimonial. Sentido de frustración y desesperación. Dificultades para asumir las responsabilidades de la paternidad o de la maternidad. Talento, sin embargo, para la escultura.

SEIS DE COPAS

El Seis de Copas representa a los enfados matrimoniales, a los enfados amorosos, a los celos y a las separaciones no definitivas. Las familias de los cónyuges pueden enfrentarse entre sí por defender a sus hijos.

Interpretación: Intromisión de la suegra o el suegro en las relaciones de pareja. Enfados y celos tontos, sin ninguna base. Duelo de personalidades. El respaldo familiar puede empeorar las cosas. Enfados en general.

Invertida: Desacuerdos que terminan con la claudicación de la pareja, especialmente si es Virgo. Reconciliación con la pareja y alejamiento prudencial de la familia. Dificultades económicas para la pareja. Gastos en caprichos y viajes innecesarios.

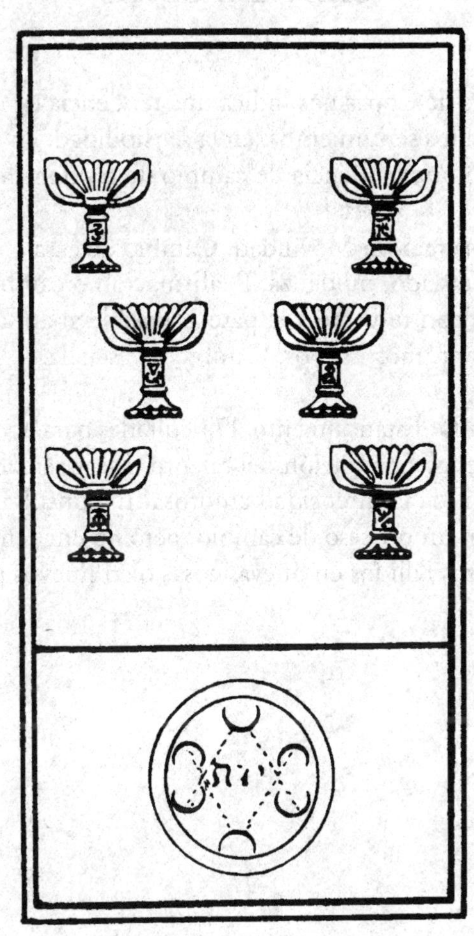

SIETE DE COPAS

El Siete de Copas nos indica una tendencia de cambio de actitud en los sentimientos, en la sensibilidad, en el talento, y también una tendencia de cambio de residencia.

Interpretación: Movilidad. Cambio de casa e incluso de ciudad. Traslado, mudanza. Reafirmación o cambio de sentimientos con respecto a la pareja. Posible abandono de los estudios por unos nuevos. Cambio de escuela.

Invertida: Estancamiento. Dificultades para abordar nuevas empresas. Frustración del talento. Incapacidad creativa. Reducción de la intensidad amorosa. El consultante se encuentra en un proceso de cambio, pero no encuentra la salida. Intentos fallidos en nuevas cosas o en nuevos proyectos. Coqueteo.

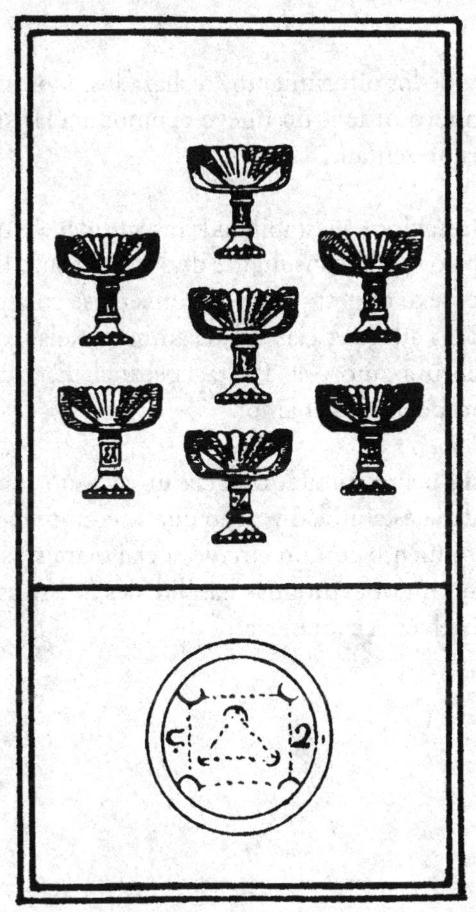

OCHO DE COPAS

O carta de los ofrecimientos rechazados. Nos indica, además, un nuevo orden, un nuevo acomodo a las situaciones que se nos presentan.

Interpretación: Inestabilidad, inseguridad. Nuevas ofertas de trabajo que el consultante duda en aceptar. Los coqueteos con el sexo opuesto pueden convertirse en algo más serio pese a las advertencias de los amigos. Relación equivocada. Aventura amorosa. Fantasía sexual. Esta carta recomienda prudencia en el amor.

Invertida: Precipitación hacia un abismo sentimental. Rechazo de la estabilidad y de lo que se conoce hasta entonces. Rompimiento con un círculo social o amistoso para acceder a uno nuevo. Antiguas habilidades artísticas, como la pintura, vuelven a expresarse.

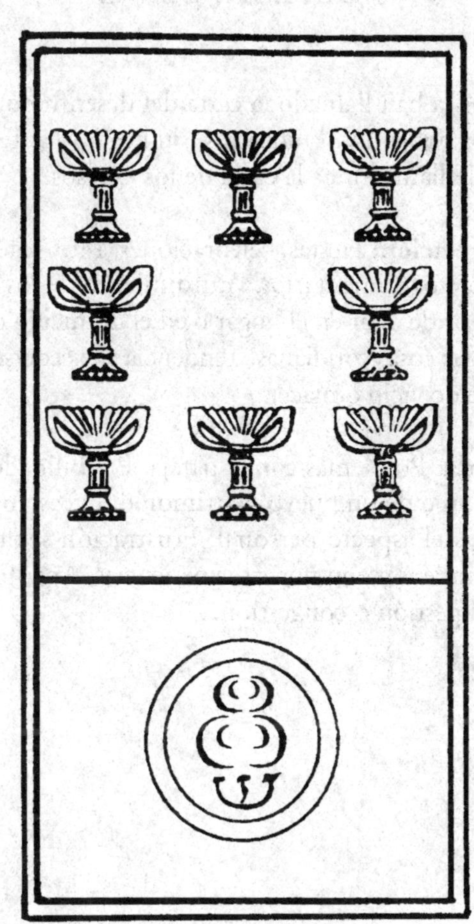

NUEVE DE COPAS

Algunos la han llamado la carta del desenfreno. Otros la carta de los bohemios. Y nosotros, sin negar lo anterior, simplemente le llamaremos la carta de los excesos.

Interpretación: Fiestas, celebraciones. Intoxicación alcohólica. Excesos alimentarios. Aturdimiento de los sentidos. Pocos deseos de estar en el hogar o en el domicilio conyugal. Escape de las cosas cotidianas. Tendencia a excederse en cualquier clase de vicio o placer.

Invertida: Problemas con la pareja. Posibilidades de una nueva unión o de un nuevo matrimonio. Excesivo cuidado, o dejadez, del aspecto personal. Frustración sexual que se intenta compensar con nuevas experiencias. Apetitos desmedidos. Indigestión o congestión.

DIEZ DE COPAS

Es la carta del bricolaje hogareño y sentimental. Es una carta de reconciliación y de arreglos materiales. Los gastos estarán a la orden del día.

Interpretación: Composturas o arreglos en casa. Reconciliación amorosa. Nueva luna de miel. Compra de una segunda vivienda. El consultante puede tener un reencuentro con sus habilidades artísticas. Tentaciones en el campo del arte.

Invertida: Desperfectos en casa. Gastos para reparar electrodomésticos. Incapacidad para pagar grandes compras. Incapacidad para conseguir un crédito. Pocas oportunidades de desarrollar el temperamento artístico. Necesidad de una revisión médica.

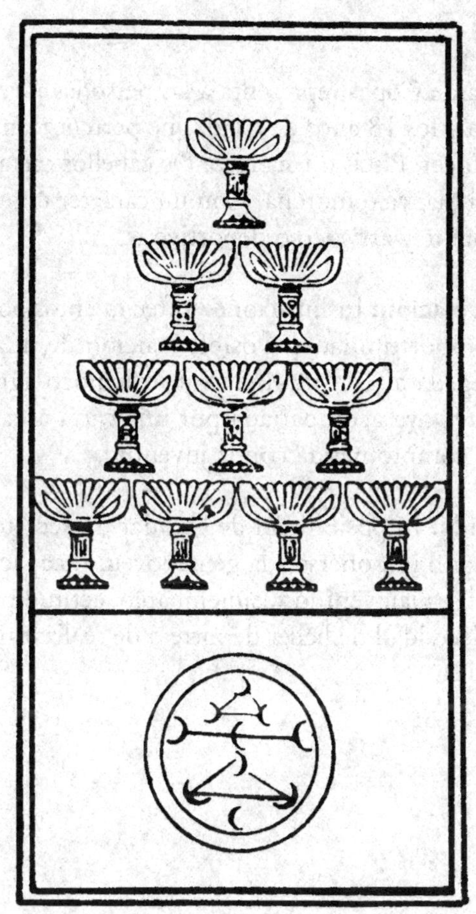

SOTA DE COPAS

La Sota de Copas representa a las personas jóvenes entre la infancia y los 18 años de edad, que pertenezcan a los signos de Cáncer, Piscis o Escorpio. De cabellos castaños o rubios y piel blanca o morena. Con un carácter temperarnental, cambiante y artístico o deportivo.

Interpretación: Insinuaciones, ofrecimientos poco claros, pequeñas oportunidades. Posible traición de una persona joven allegada al consultante. Sorpresa poco agradable, a menos que vaya acompafiada por una carta alta de Oros. Situación comprometida con la juventud.

Invertida: Imposibilidad de guardar un secreto. Deseos de dominar o imponerse a la gente joven. Incapacidad para comprender a lajuventud y, sin embargo, actitud pueril ante la vida. Necesidad de hacer deporte o de realizar una actividad artística.

CABALLERO DE COPAS

Este es el Caballero de los ofrecimientos, de las entregas. Es noble y generoso, y representa a las personas de 18 a 30 años de los signos de Cáncer, Escorpio o Piscis. De cabello castaño o rubio y de piel blanca o morena. Tiene un carácter enérgico pero bondadoso.

Interpretación: Buenas oportunidades en el campo laboral. Buena época para presentarse a un concurso. Muchas cosas le serán servidas en bandeja al consultante, que hará bien en aprovechar las oportunidades. Talento musical.

Invertida: Mala época para viajar por mar. Posible intoxicación con bebidas o productos marinos. Vacaciones frustradas. Talento musical mediocre o poco desarrollado. Mezquindad y egoísmo.

REINA DE COPAS

Es una carta muy maternal que representa a las mujeres casadas y aposentadas, de buen corazón y mejores intenciones. Está vinculada a las personas de 31 a 45 años de los signos de Cáncer, Escorpio o Piscis, de piel blanca o morena y de cabellos castaños o rubios.

Interpretación: Estabilidad y armonía en el hogar. Ayuda de las mujeres en todos los campos de la vida. Triunfo de los hijos. El consultante pasa por un etapa de asentamiento y sensibilidad, aunque con cierta nostalgia.

Invertida: Depresión, desengaño. Muy poca o nula actividad. Falta de visión y pocas aspiraciones en la vida. Celos exagerados. Decepción amorosa. Desestabilidad en el hogar. Abandono y tristeza. Neurosis familiar.

REY DE COPAS

Representa a las personas de más de 45 años pertenecientes a los signos de Cáncer, Escorpio o Piscis. De cabello blanco, rubio o castaño claro y de piel blanca o morena. Este es un Rey que ofrece y cumple, pero que no perdona los fallos.

Interpretación: Oportunidad de ascender a un puesto de alta responsabilidad, hay que estar bien preparado antes de aceptar el cargo. Creatividad. Genialidad. Buen desarrollo en el arte y en las grandes empresas. Sensibilidad y generosidad.

Invertida: Fantasías sexuales que sólo viven en la mente del consultante. Oportunidades aparentes y poco consistentes. Incapacidad para desempeñar ciertos cargos. Sobrevaloración de las propias habilidades. Robo, fraude o mal comportamiento en general. Peligro de alcoholismo.

AS DE OROS

O Talismán de la Fortuna. Es la única carta del Tarot capaz de amortiguar o incluso desvanecer las malas influencias de otras cartas. Representa además, como todas las cartas de Oros, a los signos de Tauro, Virgo y Capricornio. Los Oros son símbolo de dinero, riqueza y triunfo.

Interpretación: Suerte, fortuna, solución, arreglo, etc., de cualquier situación, dependiendo de las cartas que lo acompañen, por difícil que ésta sea. Triunfo total.

Invertida: Significa casi lo mismo, pero en menor medida. También indica el riesgo de una grave pérdida económica. Triunfo parcial.

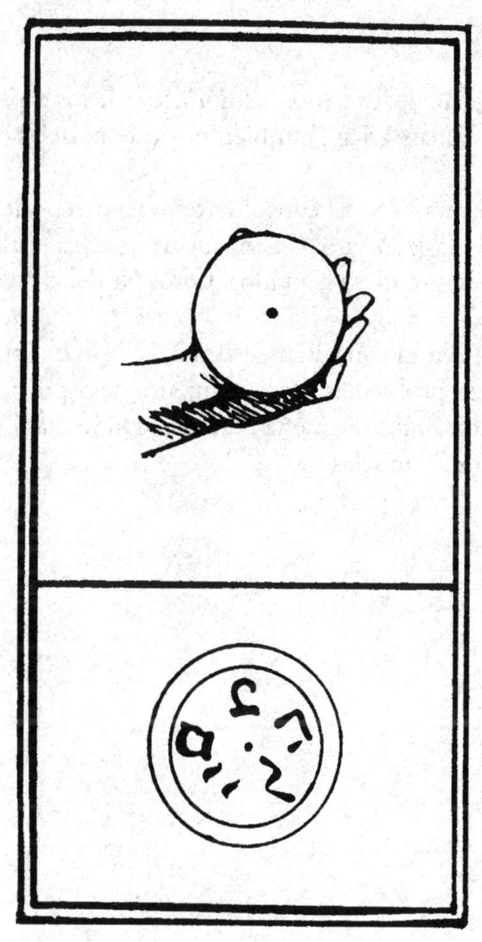

DOS DE OROS

Es la carta de los gastos económicos, de los caprichos y de los lujos innecesarios. También nos trae noticias de dinero.

Interpretación: El consultante tiene deseos de comprarse algo demasiado caro. Gastos superfluos. Especulación económica sin grandes resultados. Giro. Noticias de dinero.

Invertida: El consultante gasta más de lo que tiene y puede verse en problemas. Requerimiento de pago. Solicitud de ayuda económica. Pequeña pérdida económica. Desgaste físico, dolor de muelas.

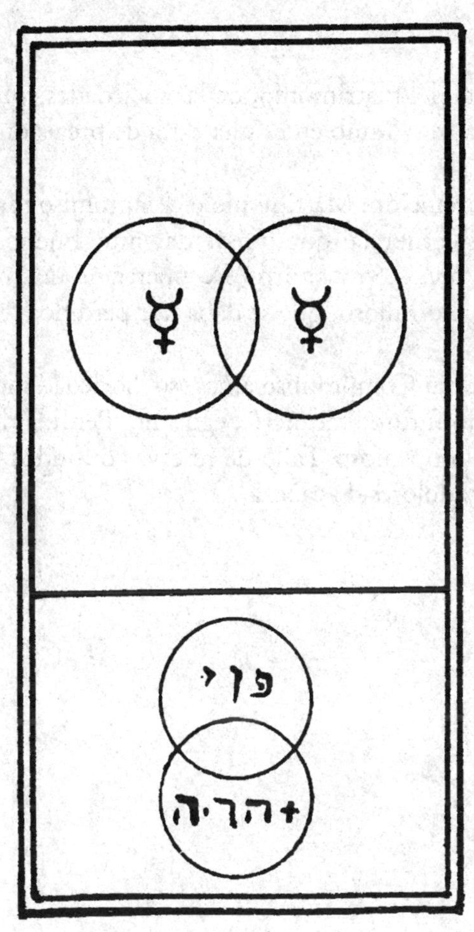

TRES DE OROS

O carta del matrimonio, de las sociedades comerciales y de las alianzas. También es una carta de previsión y ahorro.

Interpretación: Matrimonio o compromiso matrimonial. Sociedad comercial que puede dar muy buenos triunfos. Etapa de previsión y ahorro. Recuperación de un dinero, o de un objeto valioso, que se daba por perdido.

Invertida: Compromiso amoroso. Sociedad mercantil sin demasiado futuro. Tacañería, egoísmo. Pérdida de un objeto querido o valioso. Falta de reservas o fondos bancarios. Alergias y dolores de cabeza.

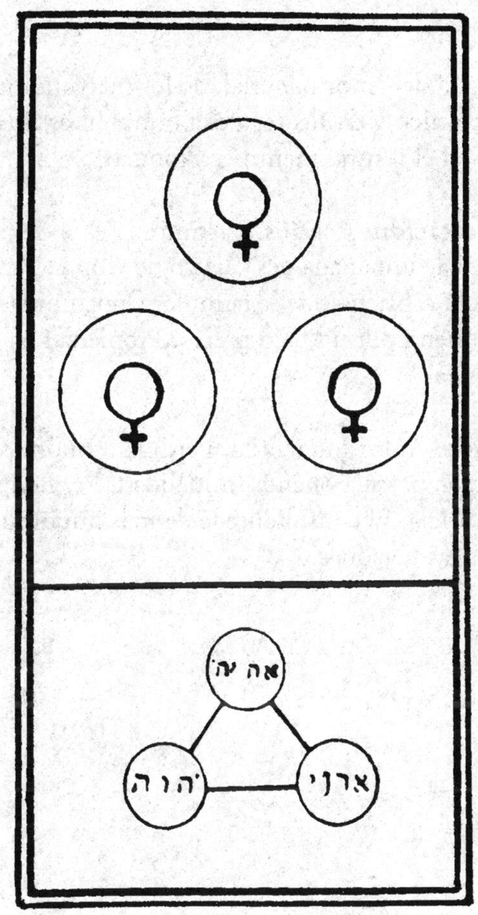
אה יה
יהוה
ארני

CUATRO DE OROS

Es la carta del amor material, de los matrimonios por interés económico y de los regalos. También es una carta de esperanza en el resurgimiento económico.

Interpretación: Regalos matrimoniales o de la persona amada si va acompañada del Cuatro de Copas. Amor desinteresado. Un capricho que se cumple. Oportunidad de comprar algo bueno por un bajo precio. Propiedad en el campo o la montaña.

Invertida: Amor interesado. Pérdida económica al comprar algo que parecía bueno. Infidelidad. Pérdida de un vehículo. Avaricia. El consultante le da más importancia al dinero que a las personas.

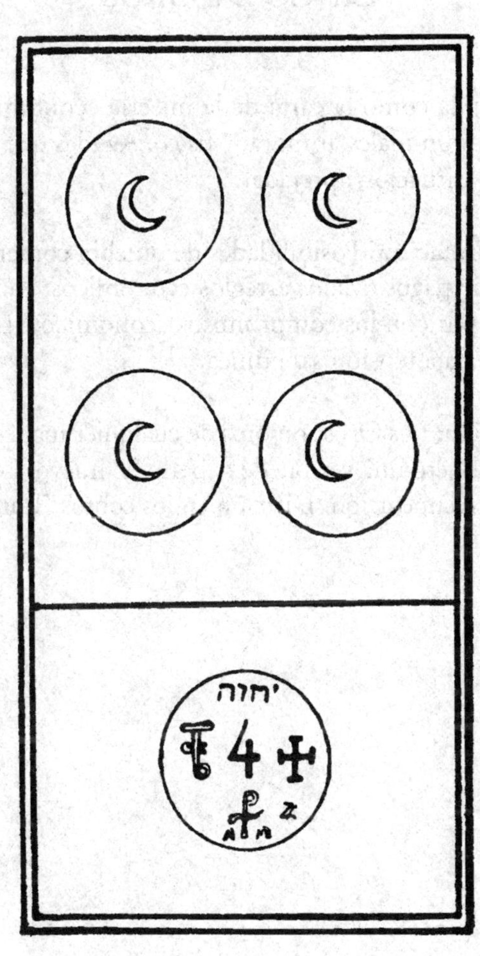
יהוה
4

CINCO DE OROS

Conocida como la carta de la miseria económica. También indica un malestar moral y físico. Ayudas que no llegan a tiempo. Situación apretada.

Interpretación: Posibilidades de quiebra comercial. Suspensión de pagos. Malos arreglos económicos. Incapacidad para cumplir con los compromisos económicos. Depresión personal. Baja tensión sanguínea.

Invertida: Los Oros son oros de cualquier manera, y donde hubo dinero una vez puede haberlo de nuevo. Leves esperanzas de recuperación. Dilación en los cobros. Trampa legal. Usura.

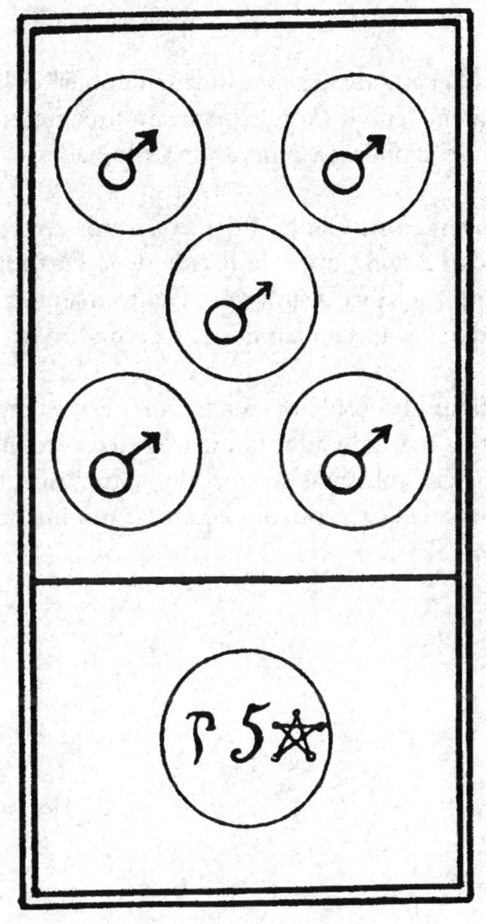

SEIS DE OROS

Esta es la carta de la generosidad. También es la carta de los pedigüeños, de los que esperan un milagro económico para salir de la pobreza. Nuevas oportunidades.

Interpretación: Generosidad. Créditos concedidos. Si sale junto al As de Oros y la Rueda de la Fortuna, premio importante que salva la situación. Planteamiento para mejorar los negocios. Necesidad de ayuda económica.

Invertida: El consultante tendrá que dejar su orgullo a un lado y pedir prestado a los familiares. Acoso económico de los enemigos. Problemas estomacales, estreñimiento. Donativos. Necesidad de caridad. Ganancias mínimas de último momento.

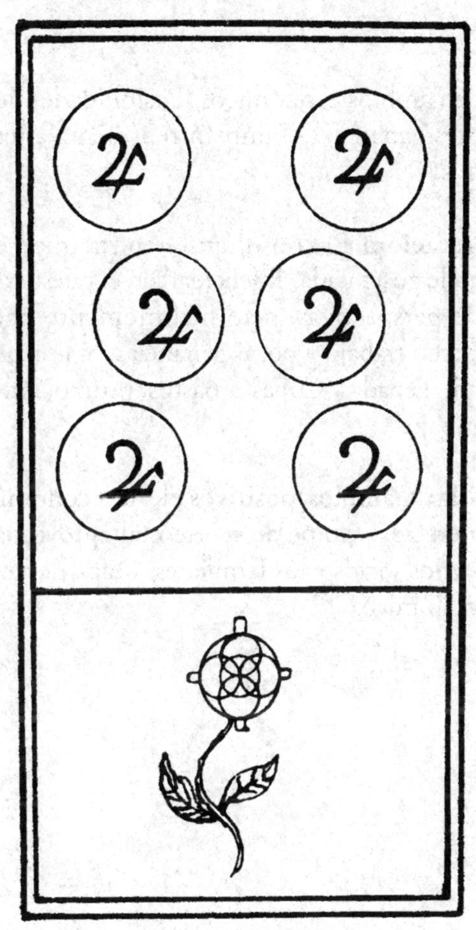

SIETE DE OROS

Carta de cambios económicos. Posibilidades de ascensos o de mejores ganancias. También representa a los trabajos mal pagados.

Interpretación: El consultante tendrá que dedicarse a algo que no le gusta nada. Infelicidad en el puesto de trabajo. Cambio de perspectivas, pero mal momento para asumir riesgos. Mucho trabajo y pocas ganancias. Si le acompaña un Caballero de Espadas, Copas o Bastos, promoción inesperada en el trabajo.

Invertida: Cambios positivos de la economía. Buena suerte inmerecida. Golpe de suerte mal aprovechado. Buena ayuda de los socios y los familiares. Etapa de cambio y de reajuste económico.

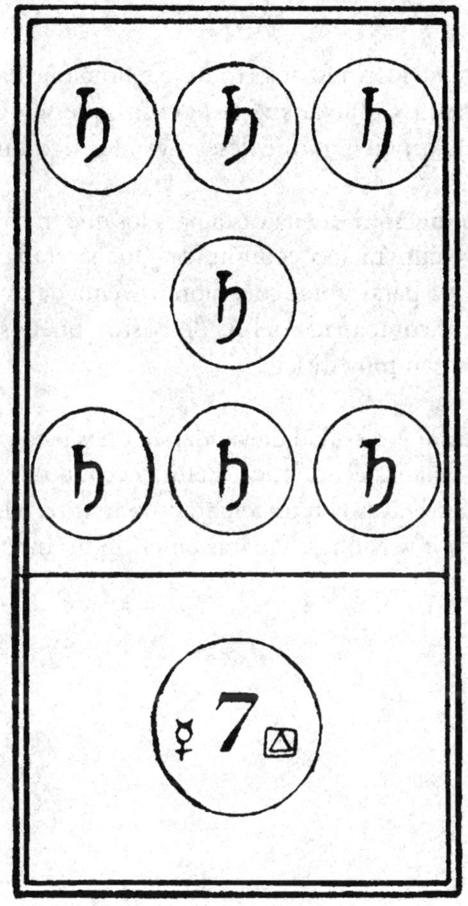
♄
♄
♄
♄
♄
♄
♄
☿ 7

OCHO DE OROS

O carta de los artesanos. Todo se tendrá que hacer con las propias manos. Buena suerte para los que se quieren desprender de un bien, o que desean vender algo importante.

Interpretación: Buena carta para los que trabajan con sus manos. Recuperación económica. Buena etapa de ventas. Buena etapa para cobrar comisiones. Venta de una casa o de un coche. Acompañada del As de Bastos, buenos resultados en un examen muy difícil.

Invertida: Necesidad de vender algunos bienes para compensar la balanza económica. Pérdida económica en los juegos de azar. Fracaso en una venta importante. Mal momento para las inversiones. Piedras en el riñón, inflamación de próstata.

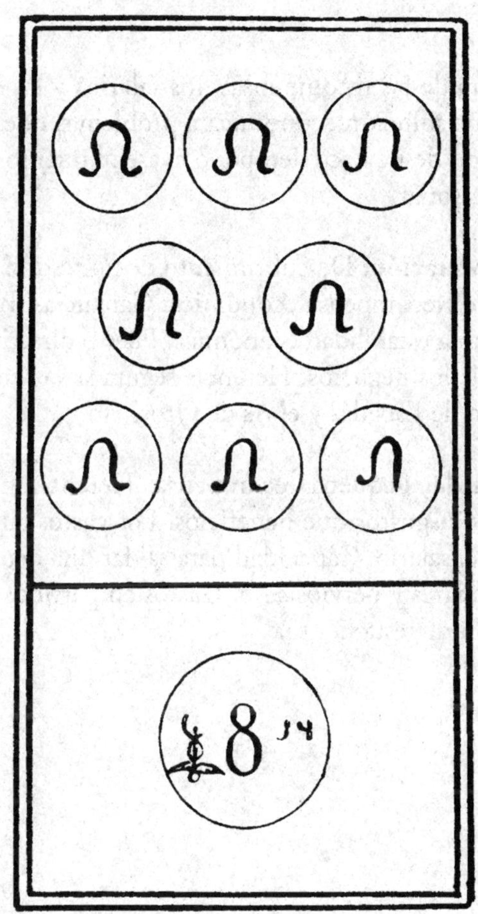

NUEVE DE OROS

O carta de las recompensas, los salarios y las herencias. Indica una solución económica a problemas que se vienen arrastrando desde hace tiempo, o el asentamiento de la economía personal.

Interpretación: Descubrimiento de un tesoro. Aumento de salario. Recompensa económica. Ganancias. Buena tendencia a una estabilidad económica. Puesto directivo. Buena marcha de los negocios. Herencia segura si va acompañada del Cinco de Espadas y el As de Oros.

Invertida: Pequeña recompensa. Herencia que puede traer más disgustos que beneficios. Los gastos aumentarán más que el salario. Capacidad para saldar una deuda. Dolores musculares y nerviosismo. Gastos en partidos políticos. Redacción de testamento.

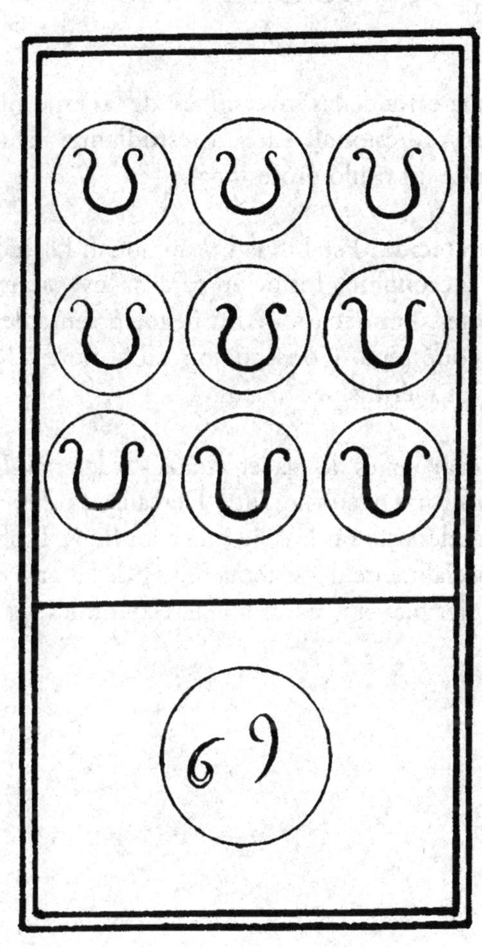
69

DIEZ DE OROS

Esta es la carta de las inversiones, de las especulaciones y del triunfo profesional. Para los estudiantes representa la conquista de un título profesional.

Interpretación: Estabilidad profesional. Dirección. Dominio de la economía. Intuición para las inversiones y las especulaciones. Fundación de un negocio rentable. Asentamiento económico. Consecución de honores. Reconocimiento a los méritos personales.

Invertida: Viajes de placer. Etapa vacacional. Lujos que puede permitirse el consultante. Descanso profesional. Responsabilidades económicas de cara a los hijos. Problemas de salud, especialmente del sistema óseo y de las articulaciones. De cualquier manera, tranquilidad económica.

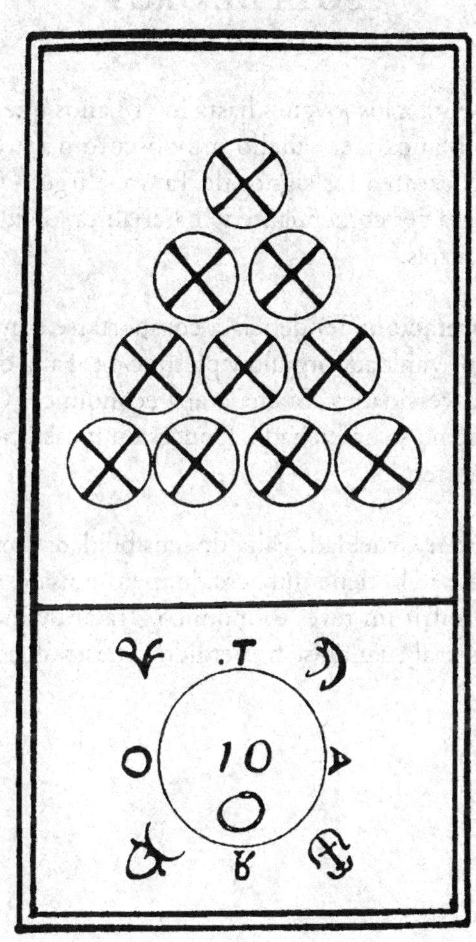
.T
10

SOTA DE OROS

Representa a los jóvenes hasta los 18 años que tengan la piel muy blanca y el cabello muy oscuro o muy claro, y, que pertenezcan a los signos de Tauro, Virgo o Capricornio. De carácter comerciante y materialista, de ideas fijas y perfeccionistas.

Interpretación: Tendencia a comportarse como hijo de millonario. Vanidad, orgullo y presunción. Falta de carácter ante las adversidades. Buena etapa económica. Ganancias por las que no se ha luchado. Concesión inmerecida de una beca o un premio.

Invertida: Crueldad. Falta de sensibilidad. Derroche. El consultante se lo tiene muy creído, pero no sabe que está a punto de sufrir un revés económico. Tratar de mantener la posición social cuando se ha perdido la posición económica.

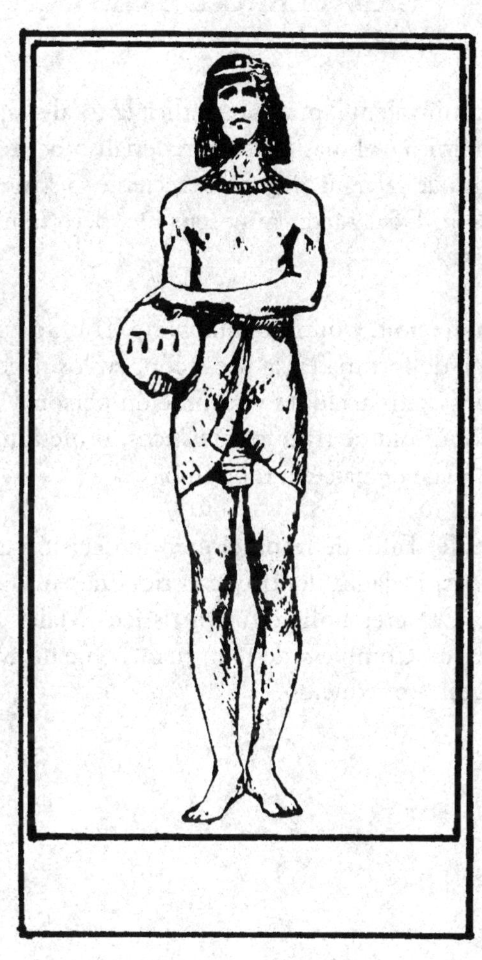
הה

CABALLERO DE OROS

Carta ambivalente, pues nos indica la total despreocupación económica o el más incisivo materialismo. Representa a las personas de 19 a 30 años pertenecientes a Tauro, Virgo o Capricornio. De carácter muy sensible, pero también muy materialista.

Interpretación: Contrato millonario. Triunfo en la juventud. Golpe de fortuna en la profesión, en los negocios o en los estudios. Satisfacciones y realización personal en la profesión. Conquista de triunfos artísticos, profesionales o deportivos. Viaje de placer a todo lujo.

Invertida: Falta de resolución y de decisión ante cosas importantes. Dejadez dentro de la riqueza. Atonía y apatía personal. Carácter bohemio y artístico. Males hepáticos o glandulares. Complejo de Don Juan. Viaje de aventuras o con presupuesto reducido.

REINA DE OROS

Representa a las personas de 31 a 45 años que pertenecen a Tauro, Virgo o Capricornio. De cabellos muy claros o muy oscuros, y de piel muy blanca. De carácter ambicioso pero poco luchador. Esta es una Reina asentada, sin problemas económicos, pero con muchos problemas personales.

Interpretación: Puesta en marcha de un negocio familiar. Gusto por el lujo y manía por la limpieza. Puntillismo y perfeccionismo. Inversiones en casa. Gusto por aparentar y por competir con los demás. Actividades sin rendimiento económico. Brillo personal. Mal carácter.

Invertida: Ambición desmedida. Práctica de la usura. Acumulación de bienes. Problemas matrimoniales y familiares. Incompatibilidad sexual con la pareja. Amasiato. Concubinato. Promesas de amor incumplidas. El consultante cree que el dinero puede comprarlo o paliarlo todo.

REY DE OROS

Representa a las persona mayores de 45 años pertenecientes a Tauro, Virgo o Capricornio. De piel muy blanca y de cabello rubio, negro orizado. De carácter generoso pero interesado. Este Rey lo mueve todo a través del poder y del dinero, puede encumbrarte o destruirte, pero necesita de tu compañía.

Interpretación: Ayuda de un hombre de negocios. Triunfo en la política y en la economía. Habilidades bancarias. Capacidad de mando. Contacto con las altas esferas. Explotación. Amistad por interés. Ambición. Deseos de llegar a ser un verdadero Rey de Oros.

Invertida: Servilismo, crueldad, soledad, ambición desmedida y mal enfocada. Abandono de las obligaciones. Dificultades bancarias. Incapacidad para ser feliz, incluso con mucho dinero. Falta de respeto de los subordinados. Bancarrota.

ÍNDICE

LOS ARCANOS MAYORES

LOS ARCANOS MENORES